信息化建设
与资产评估行业发展

基于资产评估机构的视角

韩　琳◎著

中华工商联合出版社

图书在版编目（CIP）数据

信息化建设与资产评估行业发展：基于资产评估机构的视角 / 韩琳著 . -- 北京：中华工商联合出版社，2023.6
ISBN 978-7-5158-3692-8

Ⅰ.①信… Ⅱ.①韩… Ⅲ.①资产评估行业 – 研究 –中国 Ⅳ.①F123.7

中国版本图书馆CIP数据核字（2023）第096876号

信息化建设与资产评估行业发展：基于资产评估机构的视角

著　者：	韩　琳
出 品 人：	刘　刚
责任编辑：	吴建新
装帧设计：	尚　彩·张合涛
责任审读：	付德华
责任印制：	迈致红
出版发行：	中华工商联合出版社有限责任公司
印　　刷：	北京毅峰迅捷印刷有限公司
版　　次：	2023年9月第1版
印　　次：	2023年9月第1次印刷
开　　本：	710mm×1000 mm　1/16
字　　数：	174千字
印　　张：	11.75
书　　号：	ISBN 978-7-5158-3692-8
定　　价：	58.00元

服务热线：010-58301130-0（前台）
销售热线：010-58302977（网店部）
　　　　　010-58302166（门店部）
　　　　　010-58302837（馆配部、新媒体部）　　工商联版图书
　　　　　010-58302813（团购部）　　　　　　　版权所有　盗版必究
地址邮编：北京市西城区西环广场A座
　　　　　19-20层，100044　　　　　　　　凡本社图书出现印装质量问题，
http://www.chgslcbs.cn　　　　　　　　　　请与印务部联系。
投稿热线：010-58302907（总编室）
投稿邮箱：1621239583@qq.com　　　　　　联系电话：010-58302915

前　言

　　中国资产评估行业伴随着改革开放而创立，在经济社会的快速发展过程中迅速发展壮大。然而，随着经济发展进入新常态，经济增长速度减缓，资产评估行业的发展进入爬坡过坎、转型升级的关键阶段。资产评估行业的机构治理和管理水平、服务领域、执业质量、人才队伍建设和行业公信力是衡量行业发展水平的主要维度。而资产评估机构作为资产评估行业的微观主体，其运营效率、业务收入和人力资本状况与衡量行业发展水平的主要维度密切相关。首先，资产评估机构运营效率的提高对于合理有效配置各类资源，提高执业质量，促进人才和机构成长，提升行业水平和公信力具有重要意义。其次，资产评估机构市场业绩的提升可以推动资产评估机构实现做优做大做强，从而拓宽资产评估行业的服务领域，提高资产评估行业的综合实力和影响力。最后，资产评估专业人员参与资产评估实践活动的全过程，他们的知识技能、风险意识水平、执业能力和职业道德素养关系到评估业务的质量，甚至影响整个资产评估行业的持续健康发展，促进资产评估机构人力资本结构升级有利于加强资产评估行业人才队伍建设，提高行业执业质量和核心竞争力。在此背景下，研究如何提高资产评估机构的运营效率、市场业绩、人力资本结构升级对于推动资产评估行业转型升级，实现资产评估行业持续发展具有重要现实意义。

　　21世纪以来，信息技术的应用极大推动了世界范围内经济结构的转型升级和各行各业生产力的进步，资产评估行业也加快了信息化建设的步伐。2018年12月，中国资产评估协会正式发布《中国资产评估行业信息化规划（2018—2022）》，明确了未来五年内行业信息化建设的指导思想、基本原则和建设目标，指出资产评估行业应当"切实推动行业信息化建设，加快资产评估业态与信息技术的融合，推动资产评估行业向数字化、网络化、智能化方向转型升级"。然而，资产评估行业的整体信息化水平仍滞后于迅速发展的信息技术和不断增长的行业需求，部分资产评估机构认为信息化建设带来的成本远大于收益，对于信息化建设的认识和重视程度不足。而学术界关于信息技术是否能够为企业带来商业价值的研究主要集中于规模较大、资金雄厚，信息化建设已进入全面拓展阶段的上市公司。对于作为金融中介的资产评估机构，其信息化建设效果是否呈现出独特的差异性，还未有文献进行研究。因此，研究信息化建设对资产评估机构的运营效率、市场业绩和人力资本结构升级的影响，具有重要的理论和现实意义。

本书基于资产评估机构视角研究信息化建设对于资产评估行业发展的影响。首先，本书以资产评估机构的运营效率视角，研究信息化建设与资产评估行业发展的关系。随后考虑到资产评估机构所在地区所处的外部环境、市场空间和信息技术利用能力，检验空气污染、业务增长机会、评估机构规模和评估机构员工人力资本对信息化建设与资产评估机构运营效率之间关系的影响。其次，本书以资产评估机构的市场业绩视角，研究信息化建设与资产评估行业发展的关系。同时，考虑到制度环境和与信息技术有关的其他资源能够与信息技术互补发挥作用，随后研究评估机构所在地区市场化程度、地区社会信任度、地区信息基础设施和评估机构人力资本对信息化建设与资产评估机构市场业绩之间关系的影响。最后，以资产评估机构的人力资本结构升级视角，研究信息化建设与资产评估行业发展的关系，并检验了评估机构所在地区市场化程度、行业集中度、宏观经济和评估机构高管教育水平对信息化建设与资产评估机构人力资本结构升级之间关系的影响。

本书采用2014—2018年资产评估机构层面数据进行实证研究，得出如下结论：第一，信息化建设与资产评估机构运营效率显著正相关，并且硬件和软件支出、技术开发和技术培训支出、其他信息化支出都对评估机构运营效率有显著提升作用，这说明资产评估机构的信息化建设有助于提升运营效率，且不同类别的信息化建设支出均在一定程度上发挥了作用。在空气污染越严重、评估机构员工教育水平越高、业务增长机会越多、机构规模越大时，信息化建设与资产评估机构运营效率的正相关关系越强。第二，信息化建设与资产评估机构市场业绩显著正相关，并且硬件和软件支出、技术开发和技术培训支出、其他信息化支出都对资产评估机构人均业务收入有显著提升作用，这说明资产评估机构的信息化建设有助于提升市场业绩，且不同类别的信息化建设支出均在一定程度上发挥了作用。在资产评估机构所在地区市场化程度高、地区社会信任度高、地区信息基础设施完备、机构人力资本水平高时，信息化建设水平对资产评估机构市场业绩的提升作用更强。第三，信息化建设可以显著促进资产评估机构的人力资本结构升级。信息化建设能够显著提高资产评估机构非常规高技能劳动力占比，且硬件和软件支出、技术开发和技术培训支出、其他信息化支出均在一定程度上发挥了作用。评估机构所在地区市场化程度越高、行业集中度越高、宏观经济越不景气以及资产评估机构高管学历越高时，信息化建设促进资产评估机构人力资本结构升级的作用越强。在拓展性检验部分，本书还发现，信息化建设通过提高资产评估机构的非常规高技能劳动力占比，最终增加了资产评估机构的员工规模。

本书的主要贡献在于：第一，丰富了信息化建设经济后果的有关研究。已有关于信息技术影响经济社会的文献，普遍关注信息技术对宏观经济发展的作用（Acharya，2015；孙琳琳，2012），微观方面则偏重于研究信息技术是否增进了实体企业（如制造业等传统行业企业）的生产经营绩效（何小钢等；2019；石大千等，2020），且主要集中于具有较大规模、资金雄厚，同时信息化建设处于全面拓展阶段的上市公司（宁光杰和林子亮，2014；Kim等，2019；赵烁等，2020），对资本市场中介机构的信息化建设效果研究鲜见。目前仅有部分学者对会计师事务所的信息化建设效果，如生产效率（Banker等，2003、2005）、审计效果（曾昌礼，2018）等进行了研究，还未有关于资产评估机构信息化建设经济后果的相关研究。因此，本书从资产评估机构层面研究信息化建设对资产评估机构的运营效率、市场业绩和人力资本结构升级的影响，丰富了资本市场中介机构信息化建设经济后果的相关研究。第二，丰富了资产评估的有关研究。资产评估领域的文献多集中于评估原理、评估方法、评估准则等基础理论方面（纪益成，2016；孙会霞，2019；刘国超，2017），实证研究则多关注并购重组中的资产评估定价问题（王竞达和瞿卫菁，2012；宋顺林和翟进步，2014；翟进步，2018），但对资产评估服务的提供者——资产评估机构的关注较少，仅有的几篇有关资产评估机构的文章研究了机构声誉（马海涛等，2017）和同行效应（李小荣等，2018、2019），但对评估机构本身的运作尤其是信息化建设等问题尚未进行探讨。本书以资产评估机构为视角，研究信息化建设对资产评估机构运营效率、市场业绩和人力资本结构升级的影响，丰富了资产评估的实证研究。本书研究也可为现实提供一定的指导。促进资产评估行业转型升级，推动资产评估行业持续发展是行业信息化建设的重要目标。本书的研究结论从资产评估机构的运营效率、市场业绩和人力资本结构视角为这一命题提供了参考和数据支持，有助于资产评估机构强化信息化建设对于机构经营效果的认识，促进资产评估机构切实推动信息化建设，加快资产评估业态与信息技术的融合，开创新时代资产评估行业发展新局面。

目　录

第一章

导　论

第一节　选题背景与问题提出

一、选题背景

中国的资产评估行业萌生于20世纪80年代末，伴随着我国改革开放，特别是为了维护国有资产权益的需要而创立，是服务经济社会发展的重要专业力量。经过30多年的发展，中国资产评估行业在经济社会的快速发展过程中迅速成长壮大，行业服务领域持续拓宽，行业管理水平和机构治理能力日益增强，行业执业质量不断提高，行业人才队伍建设和行业公信力水平稳步提升（中国资产评估行业发展报告，2019）。资产评估机构是资产评估行业的微观主体，随着我国经济体制改革的不断深入和市场经济的逐步完善，从无到有，由小到大，经历了不断市场化的发展过程。截至2019年末，全国资产评估行业共有资产评估机构4803家，共有资产评估师38474人服务于资产评估机构，全年共实现业务收入总额220.12亿元。

随着我国经济由高速增长阶段转向高质量发展阶段，资产评估行业的发展也进入了爬坡过坎、转型升级的关键阶段（杨松堂，2020）。从资产评估行业的竞争格局来看，2016年12月1日起施行的《中华人民共和国资产评估法》，一方面降低了资产评估机构设立的门槛，只要资产评估机构拥有两名资产评估师即可设立资产评估机构，另一方面取消了对资产评估机构的股东资质和股份比例的限制，使得一些与资产评估无关的机构也可以设立资产评估机构。而券商、会计师事务所、财务顾问以及一些外资背景的会计类和咨询类专业服务机构也开始涉及相关评估业务，不断蚕食资产评估行业的市场份额，这加剧了资产评估行业的竞争烈度。从资产评估行业的业务收入来看，我国资产评估机构在业务收入规模上与国外专业服务机构相比还存在较大差距，评估机构发展后继乏力。例如，2018年资产评估行业实现业务收入总额约181.26亿元，而普华永道2018财年全球业务收入达到413亿美元。从资产评估行业的人力资本来看，《资产评估法》正式实施以后，资产评估行业大大降低了对于从事资产评估业务人员的要求标准，评估行业将面临行业从业人员素质参差不齐的风险。在此背景下，研究如何促进资产评估行业实现转型升级，推动资产评估行业持续发展成为一项重要的研究课题。

与此同时，以计算机及信息技术为代表的第三次工业革命席卷全球，极大推动了世界范围内经济结构的转型升级和社会生产力的进步。党的十八大以来，我国出台了《国家信息化发展战略纲要》《"十三五"国家信息化规划》等一系列与信息化建设有关的文件，作出实施网络强国战略、大数据战略、"互联网+"行动等一系列重大决策，有效推动了信息化发展与实体经济深度融合。资产评估行业也加快了信息化建设的步伐。2018年12月，中国资产评估协会正式发布《中国资产评估行业信息化规划（2018—2022）》，明确了未来五年内行业信息建设的指导思想、基本原则和建设目标，指出资产评估行业应当"切实推动行业信息化建设，加快资产评估业态与信息技术的融合，推动资产评估行业向数字化、网络化、智能化方向转型升级"。因此，研究信息化建设会对资产评估行业发展带来怎样的影响，对于促进资产评估行业转型升级，实现评估行业的科学发展有着重要现实意义。

二、问题提出

资产评估行业的机构治理和管理水平、服务领域、执业质量、人才队伍建设和行业公信力是衡量资产评估行业发展的主要维度。而资产评估机构作为资产评估行业的微观主体，其运营效率、业务收入和人力资本状况与衡量行业发展状况的主要维度密切相关。原因在于：首先，资产评估机构运营效率的提高对于合理有效配置各类资源，提高执业质量，促进人才和机构成长，提升行业水平和公信力具有重要意义。其次，资产评估机构市场业绩的提升可以推动资产评估机构实现做优做大做强，从而拓宽资产评估行业的服务领域，提高资产评估行业的综合实力和影响力。最后，资产评估专业人员参与资产评估实践活动的全过程，他们的知识技能、风险意识水平、执业能力和职业道德素养关系到评估业务的质量，甚至影响整个资产评估行业的持续健康发展。促进资产评估机构人力资本结构升级对于加强资产评估行业人才队伍建设，提高行业执业质量和核心竞争力，推动资产评估行业发展至关重要。贺邦靖（2013）指出，资产评估机构的品牌影响将带动行业影响力的提升，资产评估机构执业水平的提升将带动行业服务能力的提升，资产评估机构综合实力的提升将带动整个行业核心竞争力的不断提升。因此，提高资产评估机构的运营效率、市场业绩和人力资本结构将提升整个资产评估行业的发展水平。那么，在资产评估行业转型升级的关键阶段，以资产评估机构为视角，研究如何提高资产评估机构的运营效率、市场业绩，促进人力资本结构升级对于推动资产评估行业持续发展具有重要现实意义。

信息化建设为资产评估行业的转型升级带来了难得的机遇，然而受技术、人才等因素制约，我国资产评估行业的信息化建设较为滞后，部分资产评估机构认为信息化建设带来的成本远大于收益，对于信息化建设的认识和重视程度不足。现有关于企业信息化的研究主要以欧美国家为对象，探讨了信息技术对生产效率（Acharya，2015；Basu和Fernald，2007）、盈利能力（Aral等，2006；Mitas等，2008；Han等，2011）和劳动力市场（Autor和Dorn，2013；Conte和Vivarelli，2010）的影响，而中国的企业信息化是否呈现出独特的差异性，国内研究对此关注较少，对金融中介机构的信息化建设效果的研究仅有从会计师事务所层面研究信息化建设对事务所生产效率（Banker等，2003；Banker等，2005）和审计效果（曾昌礼等，2018）的影响，还未有从资产评估机构视角的研究。那么信息化建设会对资产评估行业带来怎样的影响，是否会提高资产评估机构的运营效率、市场业绩以及促进资产评估机构人力资本结构升级，就成了值得我们深入研究的实证问题。

基于以上分析，本书研究以下三个问题：

首先，本书研究信息化建设与资产评估机构运营效率的关系。Coase（1937）提出的交易成本理论指出，企业的交易成本是一系列契约的执行成本，是导致企业生产率低下的重要原因。刘明辉和王扬（2012）对于注册会计师行业的研究发现，有限理性、机会主义和资产专用性等原因导致的行业交易费用水平较高，导致注册会计师行业整体效率水平较为低下。资产评估机构作为一个人为因素占主导地位的行业，行业交易成本同样会影响资产评估机构的运营效率。而信息化在社会经济系统中是一个节约交易成本的经济机制，具有弱化信息不对称、降低交易成本的经济功能（Row 和 Clemons，1991）。因此，基于交易成本理论，我们预期资产评估机构的信息化建设可以通过拓展有限理性、抑制机会主义行为、降低不确定性和提高交易频率来驱动交易成本的下降，进而促进资产评估机构的运营效率的提升。基于此，本书采用数据包络分析法（DEA），以 2014—2018 年资产评估机构层面的数据为样本，实证分析信息化建设对资产评估机构运营效率的影响。研究发现：首先，信息化建设可以显著提高资产评估机构的运营效率，在解决内生性问题和一系列稳健性检验后，研究结论依然成立。进一步分析结果表明，当空气污染越严重、资产评估机构业务增长机会越多、资产评估机构人员人力资本水平越高、资产评估机构规模越大时，二者关系更强。因此，在经济发展减速，资产评估行业的业务收入增长放缓，评估机构之间的业务竞争进一步加剧的背景下，信息化建设成为资产评估行业合理有效配置各类资源，提高执业质量，促进人才和机构成长，提升行业水平和公信力，从而更好服务于国家经济社会发展的有效驱动力。

其次，本书研究信息化建设与资产评估机构市场业绩的关系。现有大量基于企业资源基础理论的研究发现，信息化建设可以提高企业的盈利能力（Grover 等，2009；Nevo 和 Wade，2010；Saraf 等，2007）。信息技术的社会复杂性、竞争壁垒、路径依赖性、组织学习特性，是信息化资源可以为企业创造和维持竞争优势进而提升企业的盈利能力的四个决定性因素（Piccoli

和 Ves，2005）。因此，基于资源基础理论，我们预期信息化建设可以通过提供差异化服务，实现企业创收，进而增加企业的盈利能力。基于此，本书以2014—2018年资产评估机构层面的数据为样本，实证分析信息化建设对资产评估机构市场业绩的影响。研究发现，首先，信息化建设可以显著提高资产评估机构的市场业绩，在解决内生性问题和一系列稳健性检验后，研究结论依然成立。进一步分析结果表明，资产评估机构所在地区市场化程度高、地区社会信任状况好、地区信息基础设施建设完善、评估机构人力资本水平高时，资产评估机构信息化建设水平对市场业绩的提升作用更强。因此，信息化建设成为推动资产评估行业实现做优做大做强，提高资产评估行业综合实力和影响力的重要因素。

最后，本书研究信息化建设对资产评估机构人力资本结构的影响。技能偏向型技术变化理论（Skill-Biased Technical Change，SBTC）是指劳动力需求转向具有相对更高技能劳动力的技术变化，这一技术变化有利于增加高技能劳动力的就业和收入（Mincer，1993）。新技术也可能创造出新的任务，新任务的引入可能是劳动力需求和生产力的主要来源。在这些任务中，人类比机器具有相对优势，从而增加了对高技能劳动力的需求（Autor 和 Salomons，2017；Acemoglu 和 Restrepo，2018）。Autor 等（2003）进一步明确了常规低技能劳动力（Routine）和非常规高技能劳动力（Non-rountine）的分类定义和标准。依据 Antor 等（2003）的分类标准，常规任务由受教育程度较低的工人执行，而非常规任务由受教育程度较高的工人执行。因此，基于 SBTC 理论，我们预期信息化建设可以促进资产评估机构人力资本结构升级。原因在于，信息技术的应用一方面可以通过有限替代机制和信息过载机制直接增加对评估机构对非常规高技能劳动力的需求。另一方面使得资产评估机构的业务流程和工作组织的发生变化，从而间接增加了评估机构对非常规高技能劳动力的需求。基于此，本书使用2014—2018年资产评估机构数据，实证研究了信息化建设对资产评估机构人力资本结构升级的影响。研究发现，信息化建设使得资产评估机构增加了非常规高技能劳动力占比，促进了资产评估机构的人力资本结构升级，在解决内生性问题和一系列稳健性检验后，研究结论依然成立。进一步分析发现，信息化建设对于资产评估机构人力资本结构升级的影响在市场化程度高、行业竞争性强、宏观经济不景气、评估机构管理者学历水平高时更为显著。拓展性检验结果表明，信息化建设通过增加资产评估机构非常规高技能劳动力的雇佣，最终扩大了资产评估机构的劳动力规模。因此，信息化建设成为加强资产评估行业人才队伍建设，提高资产评估行业执业质量和核心竞争力，推动资产评估行业实现转型升级的重要影响因素。

第二节　研究内容与逻辑结构

一、研究内容

本章首先介绍了与本书研究相关的理论基础和文献综述。然后，以我国资产评估机构层面数据作为样本，围绕信息化建设是否能够推动资产评估行业的健康持续发展，分别就信息化建设对资产评估机构的运营效率、市场业绩、人力资本结构升级三个方面的影响进行了实证研究。最后，结合实证研究结果，提出建设性政策建议。综上，本书共分为七章进行阐述。

第一章，导论。本章首先介绍了本书的研究背景，根据研究背景提出了本书的研究问题。其次，介绍了本书的研究内容安排和逻辑结构。最后指出本书的研究贡献和研究意义。

第二章，理论基础与文献回顾。本章介绍了本书研究信息化建设对生产效率、盈利能力、劳动力市场影响的相关理论，并且对国内外学者关于信息化建设对上述公司行为影响的实证研究，以及与资产评估相关的实证研究这两个方面的文献进行梳理和评述。

第三章，资产评估行业和信息化建设发展现状。本章首先阐述和分析了资产评估行业的发展现状，随后介绍了资产评估行业信息化建设的发展历程，最后简述了资产评估机构信息化建设的现状。

第四章，信息化建设与资产评估行业发展：资产评估机构运营效率视角。

本章首先对信息化建设与生产效率的国内外相关理论研究进行阐述分析并提出假设，然后以2014—2018年证券业资产评估机构作为初始样本研究信息化建设对资产评估机构运营效率的影响，并进一步研究了空气污染、资产评估机构业务增长机会、资产评估机构规模和资产评估人力资本对信息化建设与资产评估机构运营效率之间关系的影响。

第五章，信息化建设与资产评估行业发展：资产评估机构市场业绩视角。本章首先对信息化建设与盈利能力的国内外相关理论研究进行阐述分析并提出假设，然后以2014—2018年证券业资产评估机构作为初始样本研究信息化建设对资产评估机构市场业绩的影响，并进一步研究了市场化程度、社会信任、地区信息基础设施和资产评估机构人力资本对信息化建设与资产评估机构市场业绩之间关系的影响。

第六章，信息化建设与资产评估行业发展：资产评估机构人力资本结构升级视角。本章首先对信息化建设与劳动力市场的国内外相关理论研究进行阐述分析并提出假设，然后以2014—2018年证券业资产评估机构作为初始样本研究信息化建设对资产评估机构人力资本结构升级的影响，并进一步研究了市场化程度、行业集中度、宏观经济以及资产评估机构高管学历对信息化建设与资产评估机构人力资本结构升级之间关系的影响。在拓展性检验中还进一步检验了信息化建设与资产评估机构劳动力规模的关系。

第七章，结语。本章首先对前文的研究内容进行了总结，之后根据研究结论提出了本书的政策启示，最后对本书存在的局限性进行了分析，并指出了本书的未来研究方向。

二、逻辑结构

本书以研究信息化建设的经济后果以及资产评估的相关文献作为出发点，在剖析资产评估行业的发展现状、资产评估行业信息化建设的发展历程、资产评估机构信息化建设的现状及其研究目的、意义等前提下，结合信息化建设与生产效率、信息化建设与盈利能力、信息化建设与劳动力市场相关理论，

就信息化建设对资产评估行业发展的影响进行实证研究分析。本书分别以
2014—2018年证券业资产评估机构层面数据为样本，就信息化建设对资产评
估机构的运营效率、市场业绩和人力资本结构升级三个方面的影响进行了实
证研究，并结合实证研究结果给出相关解释。最后，依据前述实证研究总结
提炼信息化建设实施对资产评估行业发展影响的相关结论并给出针对性的建
议，以期为我国资产评估行业信息化建设的顺利实施，推动资产评估行业发
展提供一定的借鉴意义。本书的逻辑结构图如下：

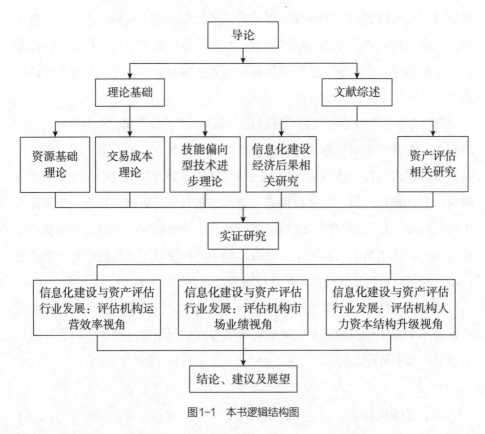

图1-1　本书逻辑结构图

第三节　研究贡献与研究意义

本书的理论贡献主要在于：第一，丰富了信息化建设经济后果的有关研

究。已有关于信息技术影响经济社会的文献，普遍关注信息技术对宏观经济发展的作用（Acharya，2015；孙琳琳，2012），微观方面则偏重于研究信息技术是否增进了实体企业（如制造业等传统行业企业）的生产经营绩效（何小钢等；2019；石大千等，2020），且主要集中于具有较大规模、资金雄厚，同时信息化建设处于全面拓展阶段的上市公司（宁光杰和林子亮，2014；Kim等，2019；赵烁等，2020），对资本市场中介机构的信息化建设效果研究鲜见。目前仅部分学者对会计师事务所的信息化建设效果，如生产效率（Banker等，2003、2005）、审计效果（曾昌礼，2018）等进行了研究，还未有关于资产评估机构信息化建设的相关研究。因此，本书从资产评估机构层面研究信息化建设对资产评估机构运营效率、市场业绩以及人力资本结构升级的影响，丰富了资本市场中介机构信息化建设经济后果的相关研究。第二，丰富了资产评估的有关研究。资产评估领域的文献多集中于评估原理、评估方法、评估准则等基础理论方面（纪益成，2016；孙会霞，2019；刘国超，2017），实证研究则多关注并购重组中的资产评估定价问题（王竞达和瞿卫菁，2012；宋顺林和翟进步，2014；翟进步，2018），但对资产评估服务的提供者——资产评估机构的关注较少，仅有的几篇有关资产评估机构的文章研究了机构声誉（马海涛等，2017）和同行效应（李小荣等，2018、2019），但对评估机构本身的运作尤其是信息化建设等问题尚未进行探讨。本书以资产评估机构为视角，研究了信息化建设对资产评估机构运营效率、市场业绩和人力资本结构升级的影响，丰富了资产评估的实证研究。

本书除了具有上述理论贡献外，还具有重要的现实意义。

首先，本书从资产评估机构视角研究信息化建设对资产评估行业发展的影响，有助于推动行业的信息化建设。本书发现信息化建设有利于提高资产评估机构的运营效率、市场业绩、促进人力资本结构升级，而且硬件和软件支出、技术开发和技术培训支出和其他信息化支出这三类支出均发挥了一定的作用。因此，加强资产评估机构的信息化建设可以促进资产评估行业实现转型升级，推动资产评估行业持续发展。因此，本书的研究能够提高资产评估行业乃至其他金融中介行业在信息化建设上的关注和重视程度。

其次，促进资产评估行业转型升级，推动资产评估行业持续发展是行业信息化建设的重要目标。我们的研究结论从资产评估机构的运营效率、市场业绩和人力资本结构视角为这一命题提供了参考和数据支持。其一，本书研究发现信息化建设有利于提高资产评估机构市场业绩，这对资产评估行业进一步做优做大做强，拓宽资产评估行业的服务领域，提高资产评估行业的综合实力和影响力具有重要的启示。其二，本书研究发现信息化建设有利于提高资产评估机构运营效率，这对于资产评估行业合理有效配置各类资源，提高行业执业质量，促进行业人才和机构成长，提升行业水平和公信力至关重要。其三，本书研究发现信息化建设有利于促进资产评估机构人力资本结构升级，这对于加强资产评估行业人才队伍建设，提高行业执业质量和核心竞争力，推动资产评估行业实现转型发展具有重要意义。

综上所述，本书的研究有助于资产评估机构强化信息化建设对于机构经营效果的认识，促进资产评估机构切实推动信息化建设，加快资产评估业态与信息技术的融合，开创新时代资产评估行业发展新局面。

第二章

理论基础与文献回顾

本章包括两个部分：一是理论基础；二是文献回顾。在理论基础部分，从资源基础理论、交易成本理论和技能偏向型技术变化理论三个方面阐述与本书研究密切相关的理论基础。在文献回顾部分，则主要回顾与本书研究主题相关的经验研究，包括信息化建设经济后果的研究以及与资产评估有关的研究。

第一节　理论基础

一、资源基础理论

资源基础理论（Resource-Based Theory）认为资源异质性是造成企业绩效差异的基础。该理论旨在解释组织是如何在竞争环境中保持独特和持续的竞争优势，用以检验由于资源异质性而造成的绩效差异。资源基础理论主要基于以下两个假设：第一，组织可能拥有不同的资源。第二，这些资源在组织之间不可替代且难以复制，因此这种组织绩效差异具有持续性（Barney，1991）。

资源是企业有价值的、稀缺的、难以模仿的、不可替代的要素投入，既可以以有形资产的形式存在，也可以以无形资产的形式存在（Barney，1991）。例如，商标和知识、技能和能力、技术和资本、契约乃至有效的程序和过程（Wernerfelt，1984），只要能够在组织中展现核心竞争力的任何事物就可以被成称之为资源。Barney（1991）详细论述了资源的四个特性：第一，资源具有价值性。当资源能够使得企业实施提高效率和效益的战略时，资源就是有价值的。资源只有在有价值时，才能成为企业获得竞争优势和持续竞争优势的来源。第二，资源具有稀缺性。大量竞争或潜在竞争对手都拥有的企业资源不能够成为竞争优势和持续竞争优势的来源。如果一个有价值的资源被大量竞争或潜在竞争企业拥有，那么这些企业都可以开发和利用这种资源，实施共同的战略，从而不会给任何一个企业带来竞争优势。如果一种有价值的资源大多数组织都想拥有，但是却很难获得，那么它就具有了暂时的竞争优势。第三，资源具有难以模仿性。只有当其他竞争对手难以获得某种资源时，这些有价值和稀缺的资源才能成为企业持续竞争优势的来源。企业资源难以模仿的三个原因包括路径依赖性、因果模糊性和社会复杂性。其一，路径依赖是指如果一个企业由于其独特的历史路径而获得了宝贵而稀有的资源，那么它将能够在实施其他企业无法复制的价值创造战略时利用这些资源，而没有特定历史路径的企业无法获得实施战略所需的资源。其二，因果模糊性是企业的资源和持续竞争之间的联系很难被完全理解。那么面对这种因果模糊性，企业的竞争对手很难了解应该采取什么样的行动来模仿这些具有持续竞争优势企业的战略。其三，社会复杂性是指各种各样的公司资源具有社会复杂性。例如，企业管理者之间的人际关系（Hambrick，1987）、企业文化（Barney，1986）、供应商和客户之间的声誉（Klein 和 Lefler，1981）。第四，资源具有不可替代性。企业资源要成为持续竞争的来源，还需要不存在与之相当、本身并不罕见的或者可被模仿的资源。组织替代和模仿资源需要付出大量的成本，甚至竞争对手不知道是什么因素导致了成功，不知道如何模仿，而且也没有现成的替代品。在这种情况下，资源就被赋予了持续的竞争优势，那么公司就可以利用该资源实施价值创造战略，这种战略是其他现有或者潜在的竞争对手所无法复制的。因此，组织相对于其他组织的竞争优势建立在其拥有的异质性资源基础之上。当组织控制着一种稀缺的、不可替代且难以被竞争对手复制的资源时，便会形成竞争优势，当竞争对手始终无法复制这种资源时，组织便会拥有持续的竞争优势。

　　现有大量研究认为信息技术（IT）是企业的关键资源，可以为企业带来竞争优势（Bharadwaj，2000；Caldeira 和 Ward，2003；Santhanam 和 Hartono 2003）。与信息技术有关的资源表现为有形资产和无形资产。有形资产主要包括信息技术基础设施和具有 IT 技能的人力资源；无形资产主要包括知识资产、客户导向和协同效应。具体而言：

　　有形资产主要包括 IT 基础设施和具有 IT 技能的人力资源。具体而言，其一，IT 基础设施是一组共享的资本资源，是构建 IT 应用的基础，其核心包括计算机操作系统、通信网络、通信技术以及可共享的平台和数据库。资源基础理论认为，只有当企业拥有的有形资产优于竞争对手时，才能成为其竞争优势的来源（Barney，1991）。IT 基础设施有助于企业可以快速开放和实施 IT 应用程序，跨产品、跨服务、跨地点共享信息，以及在整个业务范围内进行供应链管理，使得企业能够快速响应新机会，从而为企业产品的差异化创新和持续改进提供了资源（Ducan，1995）。由于创建 IT 基础设施需要大量的时间和专业知识，那么企业的其他竞争对手短期很难通过简单地投入资金进行复制模仿。因此，IT 基础设施是企业获得长期竞争优势的关键资源（Mckenney，1995）。其二，人力资源包括员工技术和管理知识的能力。企业应用信息技术要求其员工一方面拥有操作信息技术的技能，例如编程、系统分析数据、维护现有系统以及使用最新信息技术等操作技能。另一方面具有管理信息技术的技能，包括确定合适的项目、有效管理信息系统、与客户进行沟通和交流、与业务部门和外部组织合作、调配足够的资源、领导和激励团队按照规范在规定的时间和预算限制内完成项目的技能（Copeland 和 Mckenney，1988）。从资源基础理论的角度来看，企业人力资本的获取难度大、模仿难度大，是企业竞争优势的源泉。已有研究发现，企业从 IT 中获得经济利益的巨大差异很大程度上归因为其拥有的人力资本差异（Mata 等，1995）。拥有较高人力资本的企业能够更有效地整合 IT 和业务规划流程，构思和开发成本效益高的应用程序，提高与业务部门的沟通和工作效率，更准确地预测企业未来的业务需求，进而提高企业的竞争力（Sambamurthy 和 Zmud，1992）。

　　无形资产主要包括客户导向、协同效应和知识资产。具体而言，其一，客户导向可以显著提高公司绩效（Jaworski 和 Kohli，1993）。基于 IT 的客户管理系统是企业日常经营的重要工具，可以帮助企业跟踪和预测不断变化的客户偏好。由于客户管理系统的人员与进行管理决策的各级管理人员密切相关，然而很少有企业能够实现双方之间的协调关系，那么 IT 与组织其他部门之间复杂的社会联系成为企业竞争优势的来源（Barney，1997）。其二，协同性是指跨组织部门共享资源的能力。跨组织部门的知识和信息共享使企业能够更加灵活、快速地响应市场需求。而与协同效应相关的竞争优势由于是在企业在特殊情况下，特定资源基础之上实现的，不太可能被竞争对手模仿（Bharadwaj 等，1993）。然而，为了能够从协同作用中获取竞争利益，企业需要依托固有的社会环境和互惠关系。信息技术与无形资源的相互作用使得企业具有相对与其竞争对手不可比拟的优势。其三，企业的知识资产是一种独特的、不可模仿的、有价值的资源，是知识经济时代组织赖以生存和发展的根本动力（Matusk 和 Hill，1998）。根据知识的内在特性，可以将知识资本划分为显性知识和隐性知识两大类。显性知识，是指可以通过正常的语言方式传播的知识。例如以专利、科学发明和特殊技术等形式存在的知识，存在于书本、计算机数据库之中。隐性知识，是指个人或组织经过长期积累而拥有的知识，通常不易用言语表达，也不易于将其传播给别人。而 IT 系统能够实现知识的形式化，将知识转化为专业化的资产，而且有效的知识管理是一个内在的社会过程，需要改变组织结构、业务流程系统以及激励机制，因此几乎不可能被竞争对手所模仿（Marshall 等，1996）。

目前，资源基础理论已被广泛用于研究特定企业资源的效率和竞争优势。如企业家精神（Rumelt，1987）、文化（Bareny，1986）、无形资产（Tami，1987）、人力资源（Amit 和 Schoemaker，1993）和信息技术（Bharadwaj，2000）。对于信息技术而言，资源基础理论为信息技术与竞争优势搭建了一个理论框架，分析了信息技术的竞争优势，并进一步探讨了信息技术与其他企业资源之间的互补性（Owell 和 Dentmicallef，1997）。近年来，已有诸多实证研究基于资源基础理论，分析了信息技术的商业价值（Melville，2004；董祺，2013；杨德明和刘泳文，2018）。

二、交易成本理论

交易成本理论（Transaction Cost Theory）是用比较制度分析方法研究经济组织制度的理论。新古典经济学将企业及其生产函数视为不可分割的分析单位，主要关注企业生产过程的经营成本，默认交易是瞬间完成的，将合同和交易成本视为零。那么按照新古典经济学的思想，市场是最有效的资源配置手段。然而，英国经济学家罗纳德·哈里·科斯（R·H·Coase）1937年在《企业的性质》这篇重要论文中提出了"交易成本理论"，由此开启了新制度经济学运动。交易成本理论认为，市场的运作并非如新古典经济理论所假设的无成本，还包括交易成本。为了节省这种交易成本，代替市场的新的交易形式应运而生——企业。企业用成本较低的内部交易替代了成本较高的市场交易，节约了市场交易成本。因此，企业是市场机制的替代品，是为了降低交易成本，追求经济效率所形成的组织体。而企业组织也是有成本的，只有当企业组织生产的成本低于通过市场交易的成本时，企业才能够存在。因此企业管理的核心目标就是提高内部效率以降低内部组织成本。交易成本理论的核心思想就是管理者为了降低交易成本而进行组织变革（Williamson，1985）。

交易成本通常不直接测量，而是利用交易的关键维度来进行评估（Jobin，2008），不同的交易往往涉及不同种类的交易成本。交易成本包括搜索、合同谈判，监督和达成协议的成本（Hill，1990），以及规划、协调、和监督和执行交易所产生的成本（Williamson，1985）。Williamson（1975）将交易成本具体区分为以下几项：第一，搜寻成本。是指对交易商品信息与交易对象信息进行搜集所花费的成本。第二，信息成本。是指取得交易对象信息与和交易对象进行信息交换所花费的成本。第三，议价成本。是指针对合约、价格、质量等进行讨价还价所需的成本。第四，决策成本。是指为交易所进行的相关决策与签订合约所需花费的内部成本。第五，监督交易进行的成本。是指对交易对象是否按照合同的内容交易进行监督、跟踪和检查所花费的成本。第六，违约成本。是指一旦交易各方发生违约时所需花费的事后成本。

进一步讲，Williamson（1985）将交易成本区分为"事前"（签约前）交易成本与"事后"（签约后）交易成本两大类。事前的交易成本包括起草、谈判和维护一项协议的成本。这些成本源于未来的情况的不确定，和人们的有限理性，不可能在签约前预期到未来可能发生的所有情况。为了防止对方的机会主义行为，因此需要在签约之前详细考察对方并仔细规定交易各方的权利、责任和义务。显然，在确定各方权利、责任和义务的过程中就需要花费成本和代价，这就是所谓的事前的交易成本。而事后的交易成本是指在交易发生后的成本，由于人们的有限理性，不可能考虑各方面的情况，因此在签约后为了解决双方可能发生的矛盾需要付出成本。这种成本具有多种表现形式：其一，为了保持交易双方的长期信任关系而付出的约束成本；其二，交易双方因不能适应取消交易协议所导致的成本；其三，交易双方进行讨价还价的谈判成本；其四，为解决交易双方的纠纷与争执而必须设置的相关成本。交易成本发生的来源在于人性和交易环境因素交互影响下所导致的市场失灵现象，这种现象导致了交易困难。

Williamson（2010）总结了六个交易成本的影响因素，具体而言：

第一，有限理性（Bounded Rationality）。有限理性是指进行交易参与的各方，在追求效益最大化时，因为其身心、智能、情绪等限制所产生的约束。Simon（1955）指出，人们只能在已知的条件下，做出最优的决策。Wiillamson（2010）将这一观点引入了自己的理论，并指出环境的复杂性以及人类有限的认识和认识能力是造成有限理性的原因。

第二，机会主义（Opportunism）。机会主义是指参与交易进行的各方可能使用欺诈的手段以寻求私利的行为。这种机会主义行为主要表现在两个方面：一是签约之前，交易各方可能会对自己不利的信息进行隐瞒；二是在签约之后，交易各方也可能会出于私利，在私下里做出损害对方利益的行为。这两方面增加交易各方彼此的不信任与怀疑，导致交易过程中监督成本的增加，从而降低了经济效率。

第三，不确定性与复杂性（Uncertainty and Complexity）。在交易进行时，因环境因素中不可预期的各种变化很高时，交易各方就无法预期到未来可能发生的事件。因此交易各方就需要将未来可能发生的不确定性和复杂性写入合约之中，以便在事后可能的事件发生时能够确保双方平等地谈判以做出新的合约安排，而这将导致交易过程中进行讨价还价的成本增加，从而提高了交易难度。

第四，信息压缩性（Information Impactedness）。是指在交易活动中，交易双方掌握的信息数量不同，由于环境的不确定性与复杂性，使得拥有较多信息的一方将会因为拥有更多的有利信息而产生机会主义倾向。

第五，少数交易（Small Numbers）。是由于交易各方的交易过程过于专属性（Proprietary），或者异质性（Idiosyncratic），导致信息与资源无法流通，这大大减少了交易对象，使得市场运作机制发生失灵，从而增加了交易成本。

第六，氛围（Atmosphere）。是指如果交易的双方处于对立的立场，而且又无法互相信任，这将导致交易各方无法建立起一个融洽和谐的交易关系，从而使得双方的交易过程过于重视形式，进而增加交易成本。

Williamson（1985）对上述交易成本的影响因素进一步追根溯源，发现这些影响因素源自交易本身的三项特征。具体而言：

第一，资产的专用性（Asset Specificity）。资产专用性是指交易所投资的资产不具有市场流通性，一旦付出就很难转换为其他用途，或者契约一旦终止，投资在资产上的成本也难以回收。在交易中，如果一方持有专用性资产，就会引发机会主义行为，从而增加企业的风险，因此需要签订合同以抑制这种不当行为（Poppo 和 Zenger，1998）。资产专用性可以是场地资产专用、实物资产专用、人力资产专用和专项资产专用等（Williamson，1985）。场地资产专用是指具有高度固定性的资产；实物资产专用是指为专门为交易而配置的设备和机器；人力资产专用是指专门为交易而进行的的人力资本投资。如果这个培训是仅仅关于某个具体职位的，那么这个培训对于此职位就具有专用性；专项资产专用是指为了这次交易专门进行的大量投资。

第二，交易的不确定性（Uncertainty）。是指在交易过程中发生各种风险的机率。交易不确定性来自于两个方面，一方面是人们的有限理性，这使得交易双方无法预测未来可能发生的各种情况。另一方面是由于交易一方可能出于机会主义动机隐瞒另一方所不知情的重要信息，那么交易双方只能通过签订契约以保障自身的利益。那么交易的不确定性会增加监督成本和议价成本，从而提高交易成本。

第三，交易的频率（Frequency of Transaction）。由于为交易建立治理结构需要花费大量成本，而交易频率的升高使得企业可以将交易的经济活动内部化从而降低企业的交易成本。

三、技能偏向型技术变化理论

技能偏向型技术变化理论（Skill-Biased Technical Change，SBTC）是指劳动力需求转向具有相对更高技能劳动力的技术变化，这一技术变化有利于增加高技能劳动力的就业和收入（Mincer，1993）。由于生产需要将任务分配给劳动力或资本，那么新技术不仅提高了资本和劳动力在执行任务的生产率，而且也影响这些生产要素的任务分配，即生产的任务内容。而生产任务内容的变化将会影响劳动力需求和劳动生产率。生产一种产品所涉及的一系列任务并不是随着时间的推移而固定不变的，新技术也可能创造出新的任务，新任务的引入可能是劳动力需求和生产力的主要来源。在这些任务中，人类比机器具有相对优势，从而增加了对高技能劳动力的需求（Acemoglu 和 Restrepo，2018）。

根据该理论，信息技术有利于增加非常规高技能劳动力的就业的原因主要在于以下这两个方面：一方面，信息技术可以通过有限替代机制和信息过载机制直接增加非常规高技能劳动力的需求（Bresnahan，2002）。另一方面，信息技术使得企业的业务流程和工作组织发生变化，从而间接增加了企业对非常规高技能劳动力的需求。伴随着时间的推移，计算机的功能越来越强大，成本也不断下降，企业不断深化自身的信息化建设。为了有效使用信息技术，企业不会简单地安装信息化设备，而是会利用信息技术所提供的更好业绩测量和沟通工具，改变工作组织方式，优化业务流程和管理结构，例如进行决策权力的分散，权力关系的变化，业务员、专业人员、管理人员工作任务的变化以及激励计划等改变，从而促进了企业的组织变革。组织变革使得企业的组织形式更为灵活，从而对企业的劳动力技能提出了新的要求。

技能偏向型技术进步理论主要表明信息技术与非常规高技能劳动力互补，增加了对非常规高技能劳动力的需求，而导致常规低技能劳动力被替代。然而，近年来在欧美国家的劳动力市场还出现了劳动力技能的两级分布现象。该现象表现为信息技术的应用增加对非常规高技能劳动力需求的同时，也增加了对常规低技能劳动力的需求，而对中等技能劳动力的需求下降。因此，劳动力技能的构成分布变为常规低技能劳动力和非常规高技能劳动力增长率较高，而中等技能劳动力增长率较低的U型分布，而非技能偏向型技术理论所认为的增长率随技能水平递增分布，这被称之为劳动力技能的两级分布（Acemoglu和Autor，2011）。

第二节　文献回顾

一、信息化建设经济后果的相关研究

（一）信息化建设对生产效率的影响

信息通信技术（ICT），是指与计算机及其相关的数字通信技术，可以降低协调、交流和处理信息的成本，从而有利于调整经济结构。当前国民经济的各行各业都受到到了信息化的影响。多年来，学术界一直在争论信息技术（IT）是否会带来更高的生产率。在20世纪80年代初期，学者关于信息技术与生产力之间的研究大多集中于国家层面和行业层面，然而很少发现两者之间的关系（Loveman，1994；Strassmann，1990）。例如Roach（1987）基于服务业的研究发现，增加对行业员工的信息化投资并未显著增加员工的产出。Parsons等（1995）基于制造业的研究也得出了类似的结论，研究发现信息技术投资所带来的的总边际产出低于边际成本。Solow（1987）将这种现象称之为"生产率悖论"（Productivity Paradox），"我们到处看得见计算机，就是生产率统计方面却看不见计算机（Computer everywhere except in the productivity statistics）"。人们将"高速的IT投资与缓慢增长的生产率"在实际测度中表现出的这种关系称之为为"索洛悖论"。

研究者们对于这一悖论提出了诸多解释，Brynjolfsso（1993）指出，投入和产出的测量失真、组织学习和调整所引起的时滞、利润的再分配以及信息技术开发者和应用者管理不当会导致悖论的出现。Dedrick等（2003）、Kohi和Devaraj（2003）则进一步针对样本数据和研究方法，发现早期样本规模较小和建模技术的不完善是导致信息技术与生产率关系不显著的重要原因。随后诸多学者基于更丰富的数据样本和更精细的研究方法，从国家宏观层面和企业微观层面对信息技术与生产率之间的关系进行了更为严格的实证分析。

从国家宏观层面来看，学者们主要讨论了信息技术对经济增长的影响。20世纪90年代，美国对信息技术的大量投资被视为其生产能力超越欧洲的重要原因之一。Jorgenson（2001）认为信息技术生产部门的生产率在20世纪90年代出现显著上升，是美国生产率加速增长的主要来源。Oliner和Sichel（2000）则认为信息技术对生产率的贡献不局限于信息产品的生产部门，信息技术在经济社会中的广泛应用对劳动生产率的提高更加重要。Colecchia和Schreyer（2002）研究了美国和其他八个发达国家的ICT资本积累与产出增长的关系，发现在控制了国家层面的差异后，美国以外的其他国家同样受益于ICT投资从而实现了不同程度的经济增长。

Basu和Fernald（2007）指出仅信息技术生产部门的生产率的增长不能完全解释美国整体全要素生产率（TFP）的大幅上升，其研究表明信息技术作为一种通用技术（General-Purpose Technology），它对全要素生产率的提升作用与信息技术使用部门的互补性投资有关，如形成组织资本或产生外溢作用，这些不可观测的无形资本将成为生产函数的投入，从而增加总产出。Acharya（2015）使用OECD 16个成员国的跨国数据进行研究，发现ICT对TFP的促进作用主要是由于无形资本的积累，而非信息技术投资的正外溢作用。

由于我国国内信息技术的发展起步较晚，因此国内有关信息化对于宏观经济增长的研究晚于国外学者。孙琳琳等（2012）研究表明信息技术资本深化以及信息技术生产行业的生产率改进是信息化促进中国经济增长的主要体现，但信息技术的使用尚未对经济增长产生显著促进作用，这主要是因为中国的信息技术资本存量较低，短期内无法产生网络外溢作用，这一发现与Basu和Fernald（2007）一致，即信息技术使用行业的生产率增长依赖于补偿性投资，因此具有滞后性。郭家堂和骆品亮（2016）则发现互联网资源能促进技术进步，提高技术进步推动型的全要素生产率。

从企业微观层面来看，自20世纪90年代起，企业微观层面的分析基于更大的样本和更精细的研究方法，并结合更为可靠的公司财务数据，开始发现信息技术可以提高企业生产率水平的实证证据（Brynjolfsson，1996；Bresnahan 1999；Brynjolfsson和Hitt，1998）。例如Brynjolfsson和Hitt（1998）利用1992—1998年300多家大型企业的数据，估计了以企业产出（或增加值）为因变量的生产函数，发现企业的信息技术投资有利于企业生产率水平的提高。Zuboff（1998）的研究发现，信息技术投资促使企业实现业务流程的自动化、为企业决策提供了更多有价值的信息，从而有利于企业产生新的价值创造形式。尽管一些服务行业因产出度量方法问题导致观察到的信息技术与生产率之间联系微弱，导致仍有学者认为"信息技术无效"（Carr，2003），但大多数企业层面的实证研究表明，信息技术不仅是实现当前流程自动化的工具，而且也是实现组织变革、提高生产率的工具（Melville等，2004；Mithas等，2012）。

从理论方面来看，近年来的一系列文献主要结合信息化互补机制理论（Milgrom和Robert，1990；汪淼军，2006、2007；何小钢；2019）、柔性制造理论（王永进等，2017）以及交易成本理论（黄群慧等，2019；石大千等，2020）等研究信息技术投资能否以及如何增进企业生产率。

首先，Milgrom和Robert（1990）提出的信息化互补机制理论认为组织变革、技术进步与人力资本之间构成一个互补系统，共同作用于企业绩效。基于该理论，Brynjofsson和Hitt（1998）基于美国数据发现企业信息化和企业分权行为之间存在互补关系。Bresnahan等（2002）、Gera和Gu（2004）基于加拿大的数据，研究发现企业的信息化资本、伴随性组织创新、伴随性技术创新和人力资本存在互补关系。Black 和 Lynch（2001）发现仅仅在工厂应用信息技术并不会对生产率产生显著的促进作用，甚至会出现显著的负相关，只有在结合特定的车间实践、人力管理实践和高技能劳动力后，企业才能获得更高的生产率。我国学者基于中国数据也发现了一些支持该理论的实证证据。汪淼军等（2006、2007）利用浙江企业调研数据研究了ICT投资对企业组织绩效的影响，发现企业ICT资本与组织行为的互补性具有阶段性特征，在信息化水平不高的阶段，刚性组织行为能有效与ICT资本互补，进而提升企业生产绩效、创新能力和竞争力。何小钢（2019）等发现高技能员工和长期雇佣员工均与ICT形成互补效应，从而有利于增加ICT对生产率的正向影响。

其次，基于柔性制造理论，王永进等（2017）发现信息化对外能降低信息不对称，对内能增强企业柔性，从而减少因投资失误造成的资源浪费，提高企业产能利用率；张三峰和魏下海（2019）研究表明ICT能促进企业生产技术、机器设备的更新和提升生产制造的柔性化，引致技术进步和结构优化，进而减少企业能源消耗。

最后，基于交易成本理论进行分析的学者们认为，企业的信息化建设会降低企业和市场的内外部协调成本，改变企业业务流程管理、企业组织结构变革，进而影响交易成本。石大千（2020）研究发现，智慧城市建设这一信息化冲击可以通过降低企业交易成本，从而提升了企业的全要素生产率。施炳展和李建桐（2020）认为，依托于宽带技术的互联网是信息技术发展的主要成果之一，互联网使得企业获取、传递信息的准确性和及时性大大提高，决策效率显著提升，降低了交易成本，其实证研究发现互联网可以通过降低搜寻成本提高制造业企业的分工水平。黄群慧等（2019）的实证研究进一步证明了这一观点，发现互联网技术与制造业的有效融合能降低交易成本、减少资源错配，进而提高制造业生产率。

（二）信息化建设对盈利能力的影响

信息技术的商业价值一词通常用于指信息技术对组织绩效的影响，包括生产力的提高、库存的减少、成本的降低、盈利能力的提高以及其他绩效指标（Devaraj 和 Kohli，2003）。在此主要对信息技术对企业盈利能力的影响的相关研究进行综述。

企业的盈利能力是指企业赚取利润的能力。利润是投资者取得投资收益、债权人收取本息的资金来源，是经营者经营业绩和管理效能的集中表现，也是企业在激烈的市场竞争中持续经营的重要保障。20世纪以来，随着企业对信息技术投资（IT）的规模不断扩大，关于信息化投资是否以及如何有助于提高企业的竞争优势和盈利能力成为众多学者们所关注的议题（Carr，2003）。早期国外学者对美国企业的实证研究发现，信息技术投资可能会对企业业绩产生不显著甚至负向的影响（Rai 等，1997；Aral 和 Weill，2007）。Barua 等（1995）指出，虽然信息技术投资可以直接影响公司的产出和许多运营指标（如库存周转率、工厂生产率、产品质量），但未必会提高企业的盈利能力。Hitt 和 Brynjolfsson（1996）的实证研究发现，信息技术投资会影响生产率并有助于消费者福利（例如通过更低的价格或得到更好的服务），然而由于使用信息技术所带来的的相关生产力优势可能会通过更低的价格传递给消费者，因此并没有显著提高企业的盈利能力。Dedrick 等（2003）将这种IT投资并不能为企业带来预期收益的现象称之为信息技术投资的"盈利悖论"（Profitability Paradox）。

然而，Dedrick 等（2003）也指出早期研究的样本数据较少且大多使用横截面分析（Rai 等，1997），那么数据样本和建模技术可能会影响IT投资与企业盈利能力之间的统计显著性。Kohi 和 Devaraj（2003）基于Meta的分析也发现，样本规模和建模技术是导致上述研究结论不一致的重要原因。因此，更丰富的样本数据和改进的估计方法可能会更好地检验IT投资与企业盈利能力之间的关系。此外，早期研究主要基于"网络"计算时代到来之前的IT投资数据（Rai 等，1997），那么未能发现IT投资对盈利能力的影响可能源于前互联网时代的局限性，这种局限性导致企业信息化建设无法实现基于开放标准系统的海量连接和集成。而1995年之后，企业大多实现了应用程序的集成化（如企业资源规划系统、客户关系管理系统、供应链管理系统等）以及IT

外包和离岸服务（Han 等，2011；Ramasubu 等，2008）。那么在当前的"网络"计算时代，信息化建设可能可以为企业创造更多的盈利。

早期案例文献表明，信息技术为企业提高运营绩效、降低成本、提高决策质量、增强服务创新和差异化提供了竞争优势（Applegate 等，1996，Porter 和 Millar，1985）。然而，企业能否获取 IT 投资所创造的价值，即企业的 IT 投资是否有利于企业盈利能力的提升，已有实证研究并未得出一致结论。部分研究直接考察了信息技术对于企业盈利能力的影响。Kulatilaka 和 Venkatraman（2001）认为信息技术投资可以通过增加企业收入，降低企业成本，从而提高企业的盈利能力。Mitas 等（2008）的实证研究证明了这一观点，其研究结果表明信息技术投资与企业的盈利能力显著正相关。同样地，Sunil 等（2012）利用全球 400 多家公司的大样本数据进行实证分析，研究发现信息技术投资可以显著提升企业的盈利能力。进一步分析发现，信息技术投资对于公司盈利能力的正向影响是基于信息技术投资显著增加了企业的收入，而非降低了成本。杨德明和刘泳文（2018）利用 2013—2015 年中国上市公司相关数据，实证检验信息技术投资对传统企业业绩的影响。研究发现，传统企业通过实施信息化显著提升了公司业绩，进一步对影响机制的检验表明，信息技术投资是通过差异化而非成本领先这一中介变量，促进了企业业绩的提升。董祺（2013）利用中国电子信息百强企业 2005—2007 年的面板数据，研究了企业信息技术投资对企业利润的影响，研究发现中国企业 IT 投资和利润增长存在显著的正相关关系。曾建光等（2012）、Hendricks 和 Singhal（2007）、Hitt 等（2002）发现企业管理信息系统（ERP）的存在或实施能够带来公司财务业绩指标，如人均销售额、资产收益率、资产周转率等的提升。然而，并非所有对企业层面财务数据的研究都表明 IT 投资与企业盈利能力改善之间存在正的因果关系。Loveman（1994）对 370 家公司的研究表明，信息技术投资对公司业绩指标，如资产回报率、股本回报率和总回报率有负面影响，尽管这种影响的程度很小。

除了考察信息技术投资对于企业盈利能力的直接影响外，信息技术投资对于企业盈利能力的间接影响也是诸多学者研究的重点问题。Kauffman 和

Weill（1989）建议使用两阶段模型来明确企业信息化投资投资与企业绩效之间的中间变量。Barua等（1995）采用两阶段模型，通过产能利用率和库存周转率等中间变量检验信息技术的影响。之后检验了这些变量对企业绩效指标，即资产收益率（ROA）和市场份额的影响。研究发现，信息技术投资对大多数中间变量都有显著的积极影响，并且这些中间变量与企业绩效指标（如ROA和市场份额）正相关。Chen和Zhu（2004）利用数据包络分析（DEA）研究了企业两阶段过程中的边际收益，发现生产率是信息技术提高企业绩效的中间变量。

还有部分文献发现，由于信息技术能够支持企业其他资源的使用和其他相关活动的开展，因此信息技术与企业其他组织资源与活动之间存在互补性（Nevo和Wade，2010）。Milgrom和Robert（1990）提出信息化互补机制理论，认为组织变革、技术进步与人力资本之间构成一个互补系统，共同作用于企业绩效。这一理论指出，有效利用信息技术所带来的这些运营和战略改进，应该能为那些始终在信息技术领域投资高于竞争对手的企业带来相应的生产率、收入和利润的提高。通过构建和利用关键的IT资产，如人力资源以及信息技术与业务管理之间的合作伙伴关系，企业可以获得持续的竞争优势（Ross等，1996）。基于该理论，Aral和Weill（2007）利用美国企业的数据进行实证研究发现，信息技术投资所带来的正向作用会随着其他相关投资的增加而增强，证实了信息技术投资与其他相关投资之间存在协同效应。汪淼军等（2006、2007）利用浙江企业调研数据研究了信息技术投资对企业组织绩效的影响，发现企业信息化资本与组织行为的互补性具有阶段性特征，在信息化水平不高的阶段，刚性组织行为能有效与信息化资本互补，进而提升企业生产绩效、创新能力和竞争力。

（三）信息化建设对劳动力市场的影响

单独探讨信息技术对劳动力市场影响的研究较少，有关文献从劳动力需求规模和结构两方面进行了分析，但始终未能得出统一结论。在劳动力需求层面，有关技术进步对就业影响机理的探讨主要朝两个方向发展：其一源自于熊彼特提出的"创造性破坏"机制，认为技术进步会对使用过时生产技术的行业造成破坏，引起失业率上升（Aghion和Howitt，1994）；其二是就业补偿机制，认为技术进步能促进生产率增长，长期内会增加就业（Pissarides，1990）。劲文波和盛丹（2017）发现企业信息投入与劳动收入占比和劳动力需求规模均负相关，并且信息化对劳动力需求规模的负向作用随行业、地区垄断程度的加深而增强。而丁琳和王会娟（2020）研究表明中国互联网技术进步减少了采矿业、技术密集型制造业和建筑业的就业，但促进了第三产业就业，长期中互联网技术进步会促进整体就业。

在劳动力结构层面，在20世纪90年代，技能偏向型技术变革（SBTC）的概念被用来理解就业向受教育程度更高的工人的转变。Krueger（1993）、Autor等（1998）提出以计算机为代表的技术进步是"技能偏向型技术进步"（Skill-Based Technological Change，SBTC），SBTC造成高技能劳动力需求上升，而低技能劳动力需求下降。近几十年来，随着计算机资本价格的急剧下跌，替代和互补这两种机制提高了对在非常规工作中具有相对优势的员工（通常是受过大学教育的员工）的相对需求。

在实证文献方面，大量的工作证明了发达国家的SBTC理论的相关性。Berman等（1994）的论文被认为是实证检验SBTC理论的开创性论文。该文以20世纪80年代的美国制造业为研究样本，发现对计算机和研发的投资与高技能员工显著正相关，支持了SBTC假说。Autor等（1998）将Berman的研究扩展到一个较长的时期，即1950—1990年，样本中还包括非制造业，确认了计算机投资和技能结构之间的互补关系。Morrison-Paul和Siegel（2001）通过使用迭代3SLS方法和美国制造业（1959—1989）的数据，计算了四个受教育阶层工人的成本弹性指标，利用动态成本函数框架评估贸易、技术和外包对劳动力需求变化的影响，研究表明技术进步对高学历员工的影响最大，同时降低了对没有大学学历员工的需求。Stephen和John（1998）以美国与其他六个经合组织国家（丹麦、法国、德国、日本、瑞典和英国）作为样本，研究发现在这七个国家都出现了技能偏向性技术进步，技术进步与高技能劳动力正相关。

　　早期大多数关于技术偏向性变革对就业的数量和质量影响的实证文献都集中在经合组织国家（Mairesses等，2001），然而，Berman和Machin（2004）发现，中等收入国家的"行业内"技能升级是由于采用了已渗透到发达国家工业中的同类技能偏向技术，这意味着SBTC已从发达国家迅速转移到中等收入国家，证明了SBTC的普遍性。Conte和Vivarelli（2010）的研究发现引进的技术偏向性技术变革是发展中国家对技术工人相对需求增加的决定因素之一。

　　尽管SBTC成功地解释了几十年的数据，但它无法解释近年来美国（Autor和Dorn，2013）以及英国（Goos和Manning，2007）、德国（Spitz-Oener，2006）等欧美国家所发现的就业两极分化现象，即技术变革导致高技能和低技能的劳动力增加，而中技能的劳动力减少。Autor（2003）认为由技术变革推动的工作任务内容的变化，可能被视为导致最近有利于受过教育的劳动力的需求转变的一个潜在因素。计算机技术代替工人执行可以用编程规则很容易描述的常规任务，同时补充工人需要灵活性、创造性、解决复杂问题能力的非常规任务。因此，提出常规偏向性技术变革（RBTC）理论用以解释这一就业两极分化的现象，即最近的技术变革倾向于替代常规任务中的劳动力，即对中等技能白领工作人员的需求急剧减少，因为这些工作现在可以由基于计算机的技术更廉价地完成，并且可以将任务外包。那么与高技能和低技能职业相比，技术进步和任务外包都减少了对中等职业的需求（Autor和Dorn，2013）。Guy等（2014）利用1980年至2004年美国、日本和九个欧洲国家的数据，研究发现信息和通信技术增长较快的行业将需求从受过中等教育的工人转向受过高等教育的工人，这与基于信息和通信技术的两极分化相一致。Autor和Dorn（2013）则发现，技术变革推动工人将劳动力供应从中等收入制造业重新分配到低收入服务业，这是因为服务业的手工任务需要更高程度的灵活性和身体适应性，不易受到计算机化的影响。

　　我国的劳动力市场是否存在极化现象也引起了学者逐步关注。然而目前仅有李宏兵等（2017）在我国的制造业中发现了就业极化现象。徐少俊和郑江淮（2020）基于2001—2017年数据，指出中国总体上并未形成劳动力市场极化，代之是"技能阶梯"升级态势，即低技能向中等技能、中等技能向高技能升级的技能结构变迁态势。国内的相关实证研究大多支持SBTC理论。例如，宁光杰和林子亮（2014）研究发现中国信息技术发展具有SBTC特征，即提高了企业高技能劳动力比例，同时降低了低技能劳动力比例，而且导致收入差距扩大。劢文波和李坤望（2014）研究了中国不同团队合作程度的行业中信息技术对劳动力需求结构的影响，发现在团队合作程度较高的行业中，信息化密度提高造成高技能劳动力比重上升更多。

（四）信息化建设对金融中介机构的影响

为数不多的实证文献主要从会计师事务所层面研究信息技术的应用对事务所生产效率和审计效果的影响（Banker等，2003；Banker等，2005；曾昌礼等，2018）。

在会计师事务所信息化建设对事务所生产效率影响的相关研究方面，Banker等（2003）使用对1995年至1999年美国排名前100家会计师事务所中的64家会计师事务所层面的调查数据，首次对会计行业生产的生产效率进行了研究。研究结果表明，五年来，公共会计行业的生产效率不断提高。原因在于，信息技术的进步极大地改变了会计事务所提供服务的运作方式。公司使用了更加先进的信息技术，例如标准化的审计软件有助于降低审计师在常规审计任务中出现的计算错误等人为失误的可能性，降低错误陈述的概率，提高了工作的效率。基于此，会计师事务所能够更好地利用机会提供更具差异性的咨询以及其他服务，这些服务比传统的审计和咨询服务能够创造额外收入。因此，会计行业普遍存在生产效率提高和规模收益增加的现象。由于Banker等（2003）的研究仅估算了会计行业平均生产率的变化，之后，Banker等（2005）从会计行业的平均生产率变化入手，将生产率的变化进一步分解，以区分会计行业生产率的变化是因为少数公司业绩的提升，还是由于整个行业生产率的提高。实证分析了会计行业生产技术（即信息技术变化）和会计师事务所相对于同行效率的变化（即相对效率变化）对生产率变化的解释程度。研究表明，从1995年到1999年，会计师事务所的平均生产率提高了9.5%，信息技术进步带来的生产率增长达到12%，然而相对效率下降了2.5%，这表明会计行业生产效率的提高主要归功于行业信息技术的进步而非相对效率的提高。

在对会计师事务所信息化建设对审计效果的研究方面，曾昌礼等（2018）研究发现，良好的信息化平台不仅能够通过提高决策效率、组织效率、沟通效率以及个人工作效率等途径提升审计效率，还能够通过降低审计师人为失误、提升审计团队协作与沟通效率以及提高审计项目质量控制水平等途径提升审计质量。

二、资产评估的有关研究

在资产评估相关的实证文献中，资产评估增值率是实证研究经常探讨的话题。根据已有研究，影响企业价值资产评估增值率合理性的因素主要包括评估技术本身的局限性和外部人为因素。由于中国上市公司并购重组最常使用的评估方法为收益法，因此国内学者对评估技术的探讨较多针对收益法展开，如王竞达和瞿卫菁（2012）基于创业板上市公司并购数据研究了其整体评估和交易定价情况，并从评估技术方面对不同评估方法、不同类型并购的评估增值情况进行比较分析，尤其深入探讨了收益法参数确定过程中存在的问题。对人为因素的研究集中于大股东资产评估操纵，如宋顺林和瞿进步（2014）发现资产评估非正常增值率与大股东持股比例相关，大股东可能存在操纵评估结果的情况；瞿进步（2018）以上市公司定向增发购买资产的重大资产重组事件为研究对象，发现定增并购中同时存在高评估增值率与高增发折价率，这加剧了上市公司向大股东进行利益输送的程度。以上三篇文献表明，大股东利益输送动机会造成评估增值率过高。此外，谢纪刚和张秋生（2013）基于中小板公司非同一控制并购样本比较了不同支付方式下标的评估增值率、标的可辨认净资产评估增值率，发现股份支付下标的评估增值率比现金支付显著更高，但标的可辨认净资产评估增值率差异不显著，且股份支付样本的标的预测净利润明显高于实际利润，由此推断股份支付的标的定价虚高。

另有学者研究了资产评估机构的相关问题，例如马海涛等（2017）研究了资产评估机构声誉对公司并购重组定价的影响，发现评估机构声誉越高，其出具的评估值与最终并购重组成交价之间的差异越小；李小荣等（2018）基于"同行效应"研究发现中国资产评估机构的评估行为存在同行学习效应；李小荣等（2019）发现资产评估机构选择行为也存在同行效应。

第三节　本章小结

本章首先阐述了本书研究的理论基础，包括资源基础理论、交易成本理论和技能偏向型技术变化理论，为本书后续的研究奠定了基础。

随后我们回顾了与本书研究密切相关的文献。当前，经济社会正迈入信息技术迅速发展的新时代。关于信息技术是否能够为国家和企业带来商业价值的研究受到学术界的广泛关注。国内外研究主要从宏观层面和微观企业层面，探讨了信息技术对生产效率、盈利能力和劳动力市场的影响。从实证研究来看，宏观层面（国家、行业）的研究尚未得出一致的结论，而微观层面（企业）的研究则认为信息技术可以降低企业交易成本，从而促进组织提高效率，但这种影响在不同企业之间存在很大差异。从国外研究来看，学者们普遍发现信息技术的使用能够促进生产力发展，推动各行各业结构转型和产业升级。与发达国家相比，我国作为发展中国家由于经济结构、发展阶段等方面的差异，导致信息技术的溢出条件发生变化，进而影响其经济效应的发挥（何小钢，2019）。Jorgenson和Wu（2010）指出，信息技术投资对经济增长和企业生产率的影响因经济区域而异。世界不同地区的公司在"识别、利用和内化新技术背后的知识"的能力上可能有所不同（Castaldi和Dosi，2010）。发达地区通常被认为是信息技术进步的源头，这些进步可能会在以后渗透到发展中地区（Dedrick等，2013）。某些类型的信息技术系统，如企业资源规划系统，可能是基于某些地区的主要考虑而开发的，在其他地区的影响可能较小，发达地区和发展中地区在获得资金支持和熟练劳动力方面也存在显著差异，发展中国家由于信息技术政策不当更可能诱发"信息技术生产率悖论"（Lee等，2005）。然而目前关于企业信息化的研究主要以欧美国家为对象，中国的企业信息化是否呈现出独特的差异性，现有的国内研究对此关注较少，且主要集中于处于具有较大规模、资金雄厚，同时信息化建设处于全面拓展阶段的上市公司（宁光杰和林子亮，2014；Kim等，2019；赵烁等，2020）。

从信息化建设对金融中介机构经济后果的研究来看，为数不多的实证文献主要从会计师事务所层面研究信息技术的应用对事务所生产效率和审计效果的影响（Banker等，2003；Banker等，2005；曾昌礼等，2018）。然而资产评估机构相比于会计师事务所，在发展历程、业务收入水平、技术水平、管理方面存在差距，也可能无法有效吸收信息技术，从而发挥信息技术的积极作用。我国的资产评估行业正处于发展期和转型期，信息技术进步也正处于推广和应用中，随着资产评估机构在信息化建设上的投入不断增加，会给资产评估机构的运营效率、盈利能力以及劳动力结构带来怎样的影响？这一重要实证问题在以往文献中由于数据的可得性还没有得到足够的关注。

信息技术将在未来培育出新的经济增长点，经济社会朝着信息化、智能化、数字化发展已是大势所趋，而资产评估行业的信息化建设也势在必行。从资产评估领域已有文献可以看出，除理论研究外，实证研究主要结合公司财务管理、公司治理等理论研究资产评估在资本市场中发挥的作用，如探讨并购重组中的资产评估定价问题。资产评估与资本市场结合的有关研究固然重要，但资产评估行业本身的发展也应当关注。现阶段资产评估领域尤其缺乏机构层面的实证研究，对机构信息化的研究更是几近空白。资产评估机构是实施信息化建设的微观主体，机构信息化建设效果将影响整个资产评估行业的信息化水平。因此，评估机构信息化投资效果是否理想，机构信息化建设对机构收入、运营效率、人力资本结构是否有影响，这些问题对资产评估行业的发展具有极强的理论和现实意义，值得深入探究。

第三章

资产评估行业和信息化建设现状

第一节　资产评估行业发展现状

党的十九大报告指出："我国经济已由高速增长阶段转向高质量发展阶段，正处在转变发展方式、优化经济结构、转换增长动力的攻关期，建设现代化经济体系是跨越关口的迫切要求和我国发展的战略目标。"亟需通过经济发展治理变革、效率变革、动力变革实现发展阶段的转换。在我国经济转型升级，发展阶段转换期，资产评估行业的发展也正处于转型升级的关键阶段。在此，我们从资产评估行业的业务收入、竞争程度和人力资本状况这三方面概述这一阶段资产评估行业的发展现状。

一、资产评估行业业务收入规模

（一）业务收入总量

表3-1列示了2014—2018年资产评估行业的收入总额及增长率。可以发现，2014—2018年，行业收入总额各年增长率保持在20%左右，且呈逐年递增趋势。2018年，资产评估行业实现业务收入总额[①]约181.26亿元，较上年增加约45.03亿元，增长约33.05%。由此可见，资产评估行业为我国经济发

---

① 行业收入总额包括：评估收入、咨询服务收入和其他评估收入（根据目前中国资产评估协会的报备系统确定），不包括关联业务收入。

展和资源的优化配置做出了重要贡献。

表3-1　2014—2018年资产评估行业收入总额及增长率

收入 ＼ 年度	2014	2015	2016	2017	2018
收入总额（亿元）	89.11	102.5	119.45	136.23	181.26
收入增长率（%）		15.03	16.54	14.05	33.05

（二）资产评估师人均创收

表3-2列示了2014—2015年资产评估师的人均创收及增长率。可以发现，2014—2018年，资产评估行业人均创收绝对额逐年递增。从2014年的26.54万元增至2018年的50.03万元。2018年，随着行业收入增长率的大幅上升，以及资产评估师人数的小幅上涨，人均创收增长率也有所上升，达到近五年的最高水平，为50.03万元，人均创收较去年增长26.88%。

表3-2　2014—2018年资产评估师人均创收及增长率

年度	评估行业收入总额（万元）	资产评估师人数（人）	资产评估师人均创收（万元）	人均创收增长率（%）
2014	891128.61	33578	26.54	
2015	1025014.65	33499	30.60	15.30
2016	1194520.72	33871	35.27	15.26
2017	1362252.66	34553	39.43	11.79
2018	1812641.07	36232	50.03	26.88

二、资产评估行业竞争程度分析

（一）业务收入构成

资产评估行业业务收入包括评估收入、咨询服务收入和其他收入。表3-3列示了2014—2018年资产评估行业各项收入额度及占比。从评估收入来看，2018年，资产评估行业评估收入167.16亿元，占收入总额的92.22%；

2014—2018年评估收入占收入总额的比重总体稳定在93%左右，这表明评估收入是评估行业的主要收入来源且占比相对稳定。从咨询服务收入和其他业务收入来看，2014—2018年，咨询服务收入一直呈上升趋势，其占收入总额的比例稳定在6%左右。此外，五年间，其他业务收入占收入总额的比例有一定增加。总体而言，咨询服务收入和其他业务收入合计占比（在5%~7%之间）较小。

由资产评估行业的业务构成可以看出，目前资产评估机构的业务结构较为单一，主要以评估业务为主。而且资产评估的评估业务大多以国有企业的评估业务为主。评估业务趋同，业务结构单一，加剧了资产评估机构的业务竞争。

表3-3　2014—2018年资产评估行业各项收入额度及占比

年度	项目	评估收入	咨询服务收入	合计	其他业务收入	总计
2014	合计（亿元）	84.16	4.88	89.04	0.07	89.11
	比例（%）	94.44	5.48	99.92	0.08	100.00
2015	合计（亿元）	96.51	5.96	102.47	0.03	102.50
	比例（%）	94.16	5.81	99.97	0.03	100
2016	合计（亿元）	111.24	8.15	119.39	0.06	119.45
	比例（%）	93.13	6.82	99.95	0.05	100
2017	合计（亿元）	127.00	9.01	136.01	0.22	136.23
	比例（%）	93.22	6.61	99.84	0.16	100
2018	合计（亿元）	167.16	11.69	178.85	2.42	181.26
	比例（%）	92.22	6.45	98.67	1.33	100

（二）资产评估行业集中度

赫芬达尔指数[①]是用来测量产业市场集中度的指标，该指标越小意味着竞

---

① 赫芬达尔-赫希曼指数（Herfindahl–Hirschman Index，简称HHI指数），简称赫芬达尔指数，这是一种测量产业集中度的综合指数，是指一个行业中各市场竞争主体所占行业总收入或总资产百分比的平方和，用以计量市场份额的变化，即市场中厂商规模的离散度。一般而言，HHI值应处于0与1之间，但通常表示的方式是将其值乘上10000而予以放大，故HHI值应处于0到10000之间。

争程度越高。本章在此通过分析2014—2018年全国资产评估行业收入总额排名前50家机构的市场占有率计算得出资产评估行业的赫芬达尔指数，结果列示在表3-4。

由表3-4可以发现，2014-2018年，全国资产评估行业赫芬达尔指数的平均值约为53，HHI在2015年较高，但近三年连续下降至28，这说明资产评估行业竞争日趋激烈。

表3-4 2014—2018年资产评估行业赫芬达尔指数

年 度	2014	2015	2016	2017	2018	平均
赫芬达尔指数	33	127	39	36	28	53

（三）资产评估机构数量

表3-5列示了2014—2018年资产评估机构数量变化的情况。可以看出，自2017年开始，资产评估机构数量大幅增加。资产评估机构激增的原因在于2016年12月1日起施行的《中华人民共和国资产评估法》（以下简称《资产评估法》），《资产评估法》一方面降低了资产评估机构设立的门槛，只要资产评估机构拥有两名资产评估师即可设立资产评估机构，这导致评估机构增加过快，加剧了行业竞争；另一方面，《资产评估法》对于资产评估机构的股东没有资质和股份比例的限制，使得一些与资产评估无关的机构也可以设立资产评估机构，从而加剧了行业竞争。

表3-5 2014—2018年资产评估机构数量变化情况

年 度	2014	2015	2016	2017	2018
资产评估机构数量	3245	3304	3342	3570	4272
增长率		1.79%	1.14%	6.82%	19.60%

三、资产评估行业人力资本概况

资产评估行业是知识密集型服务行业，资产评估行业的竞争一方面是市场份额的竞争，另一方面则是人才的竞争。经过30多年的发展，资产评估师人数不断增加，人力资本结构也随之不断优化升级。

（一）资产评估师数量

表3-6列示了2014—2018年资产评估师人数的变化情况。可以发现，自2017年开始，资产评估师数量大幅增加。可能的原因在于2016年12月1日《资产评估法》正式实施以后，资产评估行业大大降低了对于从事资产评估业务的人员标准要求，因此资产评估的行业发展将面临资产评估人员素质参差不齐的风险。截至2018年12月31日，全行业共有资产评估师36232人。从2016年至2018年，资产评估师数量保持稳定增长状态，平均增长率为2.66%，三年来增加2361人。

表3-6　2014—2018年资产评估师人数变化情况

年　　　度	2014	2015	2016	2017	2018
评估师人数	33578	33499	33871	34553	36232
增长率		−0.24%	1.10%	1.97%	4.63%

（二）资产评估师学历

表3-7列示了2014—2018年资产评估行业中资产评估师的学历结构变化。总体来看，资产评估师的学历层次主要集中在大专和本科，人员数量保持在1.5~1.8万人之间。从大专学历和本科学历的资产评估师来看，大专学历的资产评估师在2014—2018年所占比例呈减少的趋势，而本科学历的资产评估师占比保持在47%~49%，呈不断上升的趋势。从硕士学历和博士学历的资产评估师来看，2014—2018年，硕士学位的资产评估师人数一直保持增长趋势；博士学位的资产评估师人数占比较少，基本维持在0.3%~0.4%。

2014—2018年资产评估师的学历结构变化表明，资产评估师的学历主要是本科和大专，同时本科学历和硕士学位层次的占比逐年提高，而专科学历呈逐年下降趋势。这说明资产评估行业整体的学历、学位层次在提升，行业的人力资本结构不断升级。

表3-7　2014—2018年资产评估师学历结构变化情况

学历 ＼ 年度		2014	2015	2016	2017	2018
大专以下	数量（人）	559	554	559	536	909
	占比（%）	1.66	1.65	1.65	1.55	2.51
大专	数量（人）	15447	15361	15,368	15,147	15,260
	占比（%）	46.00	45.86	45.37	43.84	42.12
本科	数量（人）	15949	15957	16,245	16,961	17,893
	占比（%）	47.50	47.64	47.96	49.09	49.38
硕士	数量（人）	1496	1505	1,582	1,788	2,049
	占比（%）	4.46	4.49	4.67	5.17	5.66
博士	数量（人）	127	122	117	121	121
	占比（%）	0.38	0.36	0.35	0.35	0.33

第二节　资产评估行业信息化建设的历史回顾

　　从20世纪50年代中期开始的第三次浪潮是以信息技术（IT）为主体的信息技术革命（Toffler，1980）。信息化（Informatization）起源基于信息技术革命，是以信息技术为核心的技术革命影响经济社会生产和生活方式的一个过程，这是人类社会进步发展到一定阶段所产生的一个新阶段，也是当今时代发展的大趋势。资源共享、数字化和网络化是信息化的主要特征。企业信息化是指企业在产品的设计、开发、生产、管理、经营等多个环节中广泛利用信息资源，辅助生产制造，优化工作流程，管理客户关系，建设企业信息管理系统，培养信息化人才并建设完善信息化管理制度的过程。

　　我国资产评估行业信息化建设相对于发达国家而言起步较晚，从20世纪90年代开始至今只有近30年的短短历程，但发展速度较快。资产评估行业始终重视行业信息化建设，从硬件投入、软件开发、人才培养等诸多方面着手，充分利用现代信息技术，从无到有、从有到精、有点及面，初步建成了日趋完整的资产评估信息化建设体系，促进行业社会影响力的不断提升，提高评估行业整体的管理和服务效能。我国资产评估行业信息化建设的发展大致经历了以下四个阶段：

一、第一阶段：起步阶段（1996—2005年）

20世纪80年代，个人计算机（PC）以分散的方式实现了内部活动的自动化，而互联网则改变了联结内部个人计算机和支持外部活动的能力。在个人计算机出现之前，组织计算依赖于位于集中管理的数据处理站的大型计算机。在大型计算机时代，计算周期是有限的，各部门围绕大型计算机建立，以便操作和应用他们，从而向最终用户提供服务。而微型计算机的迅速发展提高了个人和组织的计算能力。与大型计算机相比，微型计算机更具有交互性和用户友好性。PC的大规模生产使得企业实施组织活动的自动化。1987年互联网的诞生为后来的万维网和Web浏览器的发展奠定了基础。随着互联网、文档和加密标准的建立，组织与其合作伙伴之间基于互联网的通信变得更加普遍。自此之后，信息技术引起了全社会的关注，深刻影响着世界经济的布局和各行各业的发展，各行各业也开始探讨信息技术在本行业的应用问题。

资产评估作为提供经济鉴证和管理咨询服务的中介服务业也不例外，从1995年11月原国家国有资产管理局资产评估中心和信息中心共同开发建设了全国资产评估信息系统投入使用开始，揭开了我国资产评估行业信息化建设发展的序幕。在这一期间，硬件价格的降低、图形用户界面（GUI）的推出、移动办公普及和互联网的兴起影响和加速了资产评估行业的信息化（葛锐和武慧颖，2018）。具体而言：首先，1996年底，随着英特尔公司发布支持大规模商业化的奔腾MMX中央处理器，联想集团等民族计算机产业也进入了高速发展期，这使得计算机价格降至万元以内，硬件成本的下降推动了计算机在资产评估行业的普及。其次，1995年下半年，微软公司推出的Windows

95操作系统，以更实用和更强大的图形用户界面，使得计算机走向技术大众化，其中包含的Office Word、Excel、PowerPoint等办公软件极大方便了资产评估师的工作。而Matlab等统计分析软件也便于资产评估师基于更复杂和计算量更大的模型得出评估结论。第三，20世纪末，国内笔记本厂商打破了国外厂商的市场垄断，大大降低了便携笔记本的价格，使得便携笔记本成为资产评估师的标准配置，有利于资产评估师在评估现场移动办公。最后，2000年前后，互联网开始在各行各业普及渗透。2000年初，中国资产评估协会开始将自己的网站接入互联网，使其网站成为评估行业管理和行业宣传以及对外交流的窗口。资产评估机构紧随其后，建立起自己机构的网站，加强对外宣传与沟通。资产评估师也开始通过电子邮件、即时通讯工具等与客户沟通交流、获取信息资料。

然而，这一阶段也是我国第一批资产评估师开始执业的时期，在这一时期资产评估行业作为一个新兴的行业，整体的信息化水平不高，评估行业中接受专业培训的人员也较少。因此，自2004年开始，中国资产评估协会在财政部的指导下，高度重视并大力推进资产评估行业信息化建设，积极促进资产评估行业转型升级。中国资产评估协会在《中国资产评估协会2005年工作要点》中指出："要为行业提供多方面的信息网络服务，努力构建行业需要的信息平台；组织有关机构启动行业评估数据库，对行业内已有的数据平台要充分利用，实现资源充分利用；继续开发各种专业和管理软件，为评估师提供统一的、快捷的、方便的服务于交流平台。"

二、第二阶段：推广应用阶段（2006—2013年）

在这一阶段，移动办公因为互联网的兴起，由"孤岛"转向了互联。Web2.0技术的普及促使社交网络和内容共享网站的出现，推动了移动设备和Web技术的融合。这些技术的应用使得企业能够更有效地与现有客户交互，更有效地识别新客户，并使用基于位置的信息进行超目标定位、向上销售和激励客户，从而产生更大的业务价值。在这一期间，由于中小服务器和网络带宽租用价格持续降低、互联网技术发展迅猛、大数据技术的普及应用，以及后期智能终端技术的发展，进一步提高了资产评估行业的信息化水平（葛锐和武慧颖，2018）。首先，由于中小服务器和网络带宽租用价格持续降低，评估机构架设自己数据中心的成本也大大下降，这使得资产评估机构可以购买能够为评估师提供信息和数据的各种管理信息系统和数据库，从而使得评估师可以方便快捷地访问、整理和分析企业的信息和数据。其次，互联网技术的发展拓宽了资产评估师收集资产占有方外部信息的渠道，如各种企业的门户网站、微信公众号平台、数据库平台等，使得资产评估师收集更为准确、广泛、高效的信息。第三，大数据时代的到来使得资产评估机构和资产评估师将面临海量的信息和数据。这些信息和数据不同于以往的依赖于统计学的结构化数据，而是全体数据，需要评估机构和评估师对所有的数据进行分析处理，而不是随机分析。最后，这一阶段后期智能手机的出现，把移动办公和互联网结合得更为紧密，进一步提高了整个行业的信息化水平。在这一期间，智能手机将移动办公的资产评估师紧密互联在一起，视频会议、微信即时信息传递以及各种手机 APP 的应用降低了资产评估师收集信息的成本，提高了处理各种信息问题的效率。

然而，在这一时期，资产评估行业的信息化工作着力较弱。虽然涌现了为数不少的评估业务软件，但是可用性和普及率较低。而且资产评估行业项目不固定、办公地分散的执业状态也使得资产评估业务并没有稳定和强烈的应用信息技术的需求。此外，资产评估行业依然面临着人才和技术的两大瓶颈。为此，2008 年，中国资产评估协会印发《中国资产评估行业信息化建设规划（征求意见稿）》，将更多的注意力转向行业信息化建设。

三、第三阶段：智能化新时代的到来（2014年至今）

自 2014 年开始，在移动互联网、大数据、超级计算、脑科学等新理论、新技术以及经济社会发展强烈需求的共同驱动下，人工智能加速发展，并表现出深度学习、跨界融合、人机协同和自主操控等新特征。2015 年 10 月，以谷歌公司的 Alpha GO 5：0 战胜欧洲围棋冠军的事件为标志，人工智能开始引发社会的广泛关注。2017 年 5 月，随着德勤公司率先推出人工智能财务机器人之后，毕马威、普华永道和安永也推出了各自研发的财务机器人。2017 年 7 月，国务院印发《新一代人工智能发展规划》，以抢抓人工智能发展的重大战略机遇，构筑我国人工智能发展的先发优势，加快建设创新型国家和世界科技强国。党的十九大更加倡导新发展理念以及信息化和数字经济。人工智能的发展也为资产评估的理论研究和实务操作也带来了巨大的影响。例如，传统上在评估中需要通过综合评分方法、模糊评价方法、显示性偏好方法等来确定的一些不可量化指标，未来都可以通过应用人工智能和机器学习来更好地解决。

中国资产评估协会顺应时势，提出要培育行业发展新动能，以信息化带动行业转型升级。2018 年 12 月 19 日中国资产评估协会第五届常务理事会第十次会议审议通过《中国资产评估行业信息化规划（2018—2022）》。在此政策文件推动下，部分评估机构开始建立自己的数据库和开发信息化项目，当前，中联已于 2017 年推出业内首家以"互联网＋资产评估"为服务核心的资产评估综合服务云平台——"智慧评估云平台"和移动终端"摩估云"APP。中企华公司也于 2017 年开始建设评估机构作业系统，有利于提高评估机构的执业质量。

第三节　资产评估机构的信息化建设现状

一、资产评估机构的信息化建设

资产评估机构的信息化建设是将现代信息技术全面应用于资产评估机构日常业务管理，并打造信息化平台的过程。广义的信息化建设投资，包括对计算机和电信以及相关硬件、软件和服务的投资。具体而言，资产评估机构主要包括以下几个方面的信息化建设投资。第一，资产评估机构内部管理信息化建设。评估机构的内部管理系统主要包括ERP系统、项目管理系统和相关支持性办公管理系统。具体而言：首先，我国大部分资产评估机构已经购入了ERP系统，这是一种建立在信息技术基础上，可以提供跨地区、跨部门甚至跨公司整合实时信息的企业管理信息系统。该系统主要包括功能模块和运营模块，其中功能模块包括会计、财务和人力资源管理，而运营模块包括客户和销售管理以及供应链管理。这两大模块将企业的人、财、物、产、供、销，以及相应的物流、信息流、资金流、管理流、增值流等紧密地集成起来，为企业员工及决策层提供决策手段，以实现企业内部资源和企业相关的外部资源的优化配置。其次，部分资产评估机构引入项目管理系统。通过该系统，评估机构可以按照资产评估准则相关要求，实现对评估全过程（从业务约定书的签订直到出具正式报告后的底稿归档）自动化、标准化、集成化控制，而且该系统还可以对资产评估项目的进度安排、人员调配、质量控制及业绩考核等流程进行全方位的综合管理。最后，资产评估机构逐步建立依托计算机和局域网络，高效、便捷的现代办公系统，如可以实现自动化办公的OA协同网络办公系统，以提高办公效率和内部管理水平。

第二，资产评估机构执业系统信息化建设。资产评估与审计等其他中介工作的重要区别之一就是资产评估业务具有较强的技术性，这种技术性既体现在资产评估科学的评估程序和定价方法上，也体现在资产评估对相关市场信息，特别是可比价格、交易信息及相关参数的准确获取与应用上。因此，资产评估机构执业系统的信息化建设主要表现为，一方面，资产评估机构每年支付数据采集费用，以满足资产评估师在执业过程中对专业数据库的需要；另一方面，资产评估机构也根据其业务需要和业务特点购买了一些专业软件公司所开发的辅助评估软件，例如鼎信诺评估软件和机电产品价格信息数据查询系统，而部分规模较大的评估机构依托自身的资源优势，自行研发了一系列专业评估软件，以提高评估机构的执业能力。

第三，资产评估机构作业系统信息化建设。从行业未来发展方向来看，资产评估机构作业系统的信息化建设是大势所趋。当前，中联已于2017年推出业内首家以"互联网+资产评估"为服务核心的资产评估综合服务云平台——"智慧评估云平台"和移动终端"摩估云"APP。由于评估业务可能涉及跨地区，评估作业系统的信息化有助于形成协同评估作业体系，推动评估流程自动化、协同化，提高评估效率，加强集团内部各企业之间的相互交流，减少各企业之间的信息不对称，降低从业成本。中企华公司也于2017年开始建设评估机构作业系统，该系统最初从计算错误检测起步，后来逐步发展成为覆盖财务数据导入、移动现场勘查、评定估算、报告自动生成、底稿和档案管理等模块的评估作业平台。评估作业系统的信息化建设可以优化执业模式，改善业务人员执业习惯，使得评估人员更多地关注行业的发展趋势、公司的行业地位、客户资源、销售渠道、技术研发和人才储备等核心因素，将更多精力放在管理层访谈，每个参数的专业分析、判断和确定，以及估值结果的合理性上，从而有利于评估机构为其客户提供更加精准的评估服务。同时，评估作业系统信息化也强化了对评估师执业过程的监督，有利于提高评估机构的执业质量。

二、资产评估机构信息化支出情况

我们采用资产评估机构信息化建设支出衡量资产评估机构的信息化建设水平。资产评估的信息化支出数据来源于中国资产评估协会对69家证券业资产评估机构2014—2018年信息化建设情况所进行的问卷调查。调查共发放问卷69份，收回有效问卷62份，问卷回复率为89.86%。为了使各年数据之间具有可比性，我们进一步剔除了不属于在2014—2018年期间均为证券业资产评估机构。我们将评估机构的信息化支出分为以下三类：硬件和软件支出、技术开发与技术培训支出、其他信息化支出。其中硬件及软件支出是指购买与信息系统建设相关的硬件及软件的费用支出，技术开发与技术培训支出是指评估软件、管理信息系统的开发支出和评估人员信息技术培训支出，其他信息化支出是指除以上两类支出以外的其他与信息化建设相关的支出。以下是对有关数据的统计与分析。

表3-8和图3-1中列示的是2014—2018年证券业资产评估机构的信息化

支出总额及三类分项支出额的分布情况。其中均值是60家证券业资产评估机构的信息化支出的年平均值，总额是60家机构信息化支出的年合计值，占业务收入百分比是60家机构信息化支出年合计值占年业务收入总额的比例。从表3-8可以看出，2014—2018年，三类分项支出占业务收入百分比变化不大，支出金额随机构业务收入的逐年增加稳步增长。三类分项支出中，技术开发与技术培训支出占比较大，约占三类信息化支出合计值的60%，硬件和软件支出则约占20%，说明近五年来证券业资产评估机构的信息化支出主要投入于评估软件、管理信息系统的开发以及评估人员信息技术培训。从信息化支出合计金额来看：2014年支出14051.8万元，占业务收入比重5.3%；2018年支出32599.2万元，占业务收入比重6.6%。五年间信息化支出合计约增长1.3倍，占业务收入比重略有上升。

表3-8　2014—2018年证券业资产评估机构的信息化支出情况

年度	名称	硬件和软件支出	技术开发与技术培训支出	其他信息化支出	合计
2014	均值（万元）	42.3	126.6	34.8	203.6
	总额（万元）	2915.5	8732.6	2403.7	14051.8
	占业务收入百分比（%）	1.1	3.3	0.9	5.3
2015	均值（万元）	58.9	176.4	55.4	290.7
	总额（万元）	4062.3	12172.1	3821.7	20056.1
	占业务收入百分比（%）	1.2	3.5	1.1	5.8
2016	均值（万元）	67.3	206.7	55.0	329.0
	总额（万元）	4644.7	14265.2	3791.6	22701.5
	占业务收入百分比（%）	1.1	3.5	0.9	5.6
2017	均值（万元）	85.1	262.2	80.9	428.2
	总额（万元）	5872.7	18090.8	5579.3	29542.8
	占业务收入百分比（%）	1.3	4.1	1.3	6.7
2018	均值（万元）	94.5	285.8	92.1	472.5
	总额（万元）	6519.8	19722.5	6356.8	32599.2
	占业务收入百分比（%）	1.3	4.0	1.3	6.6

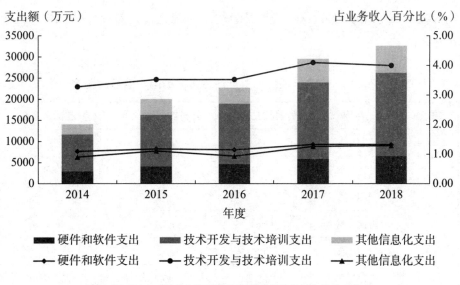

图3-1　2014—2018年证券业资产评估机构的信息化支出情况

三、资产评估机构门户信息系统建设情况

我们进一步通过手工收集到的公司独立网站、公司微信公众号、管理信息系统作为门户信息系统的代表来研究证券业资产评估机构的信息化建设情况。网站和微信公众号是评估机构对内管理和信息沟通的平台，也是对外宣传和服务的窗口。因此，建立网站和微信公众号是评估机构推进信息化建设的重要举措。此外，管理信息系统是评估机构实施内部管理的有利工具，它有助于各部门沟通信息、协调合作，极大提升了机构管理效率。由此可见，管理信息系统对于评估机构信息化建设同样意义重大。

表3-9和图3-2是2014—2018年证券业资产评估机构的门户信息系统的建设情况。从表中数据可看出：首先，截至2018年，69家机构中已有61家建立了网站，占比约88.4%，说明大部分证券业资产评估机构已拥有独立域名；其次，微信公众号于2012年8月正式上线，2014年已有10家机构建立了微信公众号，到2018年达到36家，机构数增长较为迅速，说明证券业资产评估机构积极利用微信平台进行信息化建设；最后，五年间拥有信息管理系统的

机构数从28家增长至43家，说明信息管理系统正在证券业评估机构中逐渐普及使用。

表3-9　2014—2018年证券业资产评估机构的门户信息系统建设情况

年度	名称	公司独立网站	公司微信公众号	管理信息系统
2014	机构数	55	10	28
	占比（%）	79.71	14.49	40.58
2015	机构数	57	15	31
	占比（%）	82.61	21.74	44.93
2016	机构数	58	25	36
	占比（%）	84.06	36.23	52.17
2017	机构数	61	32	39
	占比（%）	88.41	46.38	56.52
2018	机构数	61	36	43
	占比（%）	88.41	52.17	62.32

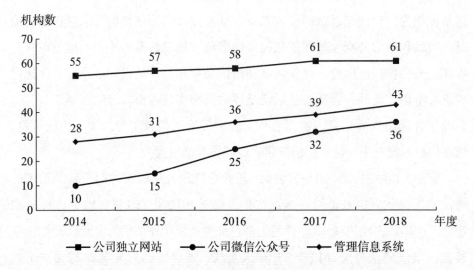

图3-2　2014—2018年证券业资产评估机构的门户信息系统建设情况

第四节　本章小结

当前我国进入了转变发展方式、优化经济结构、转换增长动力的关键时期，面临传统要素优势和国际竞争加剧的双重压力，社会经济对资产评估行业的服务需求呈多元化趋势。而信息化建设是资产评估行业配合国家经济发展不同时期的需求，以信息化为引擎不断开拓市场领域，加强管理和服务水平，为经济社会提供全方位、立体化的信息服务，是实现资产评估行业做优做大做强，实现转型发展的必由之路。自2004年以来，在财政部指导下，中国资产评估协会高度重视并大力推进资产评估行业信息化建设。近几年，财经专业服务领域智能化潮流势不可挡，党的十九大更加倡导新发展理念以及信息化和数字经济。中国资产评估协会顺应时势，提出要培育行业发展新动能，以信息化带动行业转型升级，开创新时代资产评估行业高质量发展新局面。2018年12月19日中国资产评估协会第五届常务理事会第十次会议审议通过《中国资产评估行业信息化规划（2018—2022）》，更鲜明地体现了资产评估行业大力加强信息化建设的决心。

信息技术的迅速发展与广泛应用，为资产评估行业带来了难得的机遇，也对行业发展提出了诸多挑战。一方面，在大数据时代背景下，资产评估机构可借助信息技术实现评估服务创新，利用智能化工具减少执业过程中的重复劳动和低级劳动，进而提升评估行业的专业服务能力，释放行业生产力。因此，信息技术能驱动传统评估业务实现创新式发展，有助于评估行业转型升级和业态重构。另一方面，受技术、人才等因素制约，我国资产评估行业信息化建设较为滞后，而且信息化资源在不同地区、不同规模的评估机构之间分布不均衡。相比大型知名评估机构，中小型机构缺乏资金，信息化建设普遍投入不足。因此在信息技术飞速发展的时代，中小型机构的竞争力被进一步削弱，这拉大了行业内部差距，不利于行业协同发展，部分资产评估机构认为信息化建设给资产机构带来的成本远大于收益，对于信息化建设的认识和重视程度不足。那么，研究信息化建设会对资产评估行业发展带来怎样的影响，对于资产评估机构正确认识信息化建设，抓住信息化发展机遇，实现资产评估行业的科学发展，促进评估行业转型升级有着重要现实意义。

第四章
信息化建设与资产评估行业发展：资产评估机构运营效率视角

第一节　引　言

伴随着我国改革开放和社会主义市场经济体制的建立和完善，尤其是国有企业改革的深化和生产要素市场的发育，资产转让和资产重组等各种形式的产权交易日益频繁，资产评估行业取得了长足的发展，已经成长为紧密联系着中国经济与世界经济运行的现代高端服务业。然而，当前我国经济发展进入新常态，经济增长速度减缓，资产评估行业竞争日趋激烈。2016年12月1日起施行的《资产评估法》，一方面降低了资产评估机构设立的门槛，只要资产评估机构拥有两名资产评估师即可设立资产评估机构，这导致评估机构增加过快；另一方面对于资产评估机构的股东没有资质和股份比例的限制，使得一些与资产评估无关的机构也可以设立资产评估机构。中评协网站的统计数据显示，截至2019年12月31日，全国资产评估机构已达4803家，资产评估机构之间的业务竞争日益加剧。那么，在我国进入转变发展方式、优化经济结构、转换增长动力的关键时期，面临传统要素优势下降和国际竞争加剧双重压力的背景下，研究如何提高资产评估机构的运营效率对于实现资产评估行业持续发展至关重要。

进入21世纪，以人工智能、大数据、云计算等新技术为代表的第四次工业革命也已经到来，并且正成为推动各种业态转型升级的重要驱动力。习近平总书记在2016年4月19日网络安全和信息化工作座谈会上强调，经济新常态要有新动力，信息化代表新的生产力和新的发展方向，以信息流带动技术流、资金流、人才流、物资流，可以增强发展动力，促进资源优化配置，提升全要素生产率，从而支撑我国经济向形态更高级、分工更优化、结构更合理的阶段演进，促进转型发展。党的十九大更加倡导新发展理念以及信息化和数字经济，明确提出要加快推动互联网、大数据、人工智能与实体经济深度融合。中国资产评估协会顺应时势，于2018年12月19日中国资产评估协会第五届常务理事会第十次会议审议通过《中国资产评估行业信息化规划（2018—2022）》。然而，资产评估行业的信息化转型并非一蹴而就，信息化建设成本高，见效慢，而且信息化资源在不同地区、不同规模的评估机构之间分布不均衡，部分资产评估机构认为信息化建设给资产机构带来的成本远大于收益，对于信息化建设的认识和重视程度不足。因此，研究信息化建设与资产评估机构运营效率之间的关系对于资产评估机构正确认识信息化建设，抓住信息化发展机遇，实现资产评估行业的科学、可持续发展，促进评估行业的转型升级有着重要现实意义。

从理论上来看，关于信息技术能否提高生产率的结论并不确定。诺贝尔经济学奖获得者Slow（1987）提出的"信息技术生产率悖论"指出，信息技术投资的实际产出和期望并不一致。因此，学术界有关信息技术是否能够提高生产率的研究与争论持续不断。从实证研究来看，宏观层面（国家、行业）的研究尚未得出一致的结论，而微观层面（企业）的研究则认为信息技术可以降低企业交易成本，从而促进组织提高效率，但这种影响在不同企业之间存在很大差异（Syberson，2017；Acemoglu等，2014）。因此，虽然已有实证文献基于美国数据，利用标准增长核算与生产率测量方法，研究发现信息技术的应用有助于会计师事务所提升生产效率（Banker，2002；2005）。然而，与发达国家相比，我国作为发展中国家由于经济结构、发展阶段等方面的差异，导致信息技术的溢出条件发生变化，进而影响其经济效应的发挥（何小钢，2019）；而资产评估机构相比于会计师事务所，在发展历程、业务收入水平、技术水平、管理方面存在差距，也可能无法有效吸收信息技术，从而发挥信息技术对其运营效率的积极作用。那么信息化建设能否真正提升资产评估机构的运营效率？若推动信息化建设确实有助于提高资产评估机构的运营效率，那么由于资产评估机构内部特征差异，机构外部发展环境不同，信息化是否对资产评估机构的运营效率产生异质性影响？这些问题值得我们深入研究。

基于此，本章拟采用数据包络分析法（DEA），以2014—2018年资产评估机构层面的数据为样本，实证分析信息化建设对资产评估机构运营效率的影响。研究发现，首先，信息化建设可以显著提高资产评估机构的运营效率；在解决内生性问题和一系列稳健性检验后，本章的主要研究结论依然成立。进一步分析结果表明，当空气污染越严重、资产评估机构业务增长机会越多、资产评估机构人员人力资本水平越高、资产评估机构规模越大时，二者关系更强。因此，在经济发展减速，资产评估行业的业务收入增长放缓，评估机构之间的业务竞争进一步加剧的背景下，信息化建设成为实现资产评估行业创新发展、高质量发展，从而更好服务于国家经济社会发展的有效驱动力。

第二节　理论分析与研究假设

Coase（1937）提出的交易成本理论指出，企业的交易成本是一系列契约的执行成本，是导致企业生产率低下的重要原因，而有限理性、机会主义行为、不确定性和交易频率是交易成本的驱动因素（Coase，1937；Williamson，1998）。已有大量实证研究支持了这一观点，发现降低交易成本可以内生地改变企业组织形式，显著加强内部管理，从而提高企业经营管理水平和运营效率（Bloom等2017）。刘明辉和王扬（2012）对于注册会计师行业的研究发现，有限理性、机会主义和资产专用性等原因导致的行业交易费用水平较高，导致注册会计师行业整体效率水平较为低下。资产评估机构作为一个人为因素占主导地位的行业，行业交易成本同样会影响资产评估机构的运营效率。

信息化在社会经济系统中是一个节约交易成本的经济机制，具有弱化信息不对称、降低交易成本的经济功能（Row和Clemons，1991）。因此，基于交易成本理论，本章认为资产评估机构的信息化建设可以通过拓展有限理性、抑制机会主义行为、降低不确定性和提高交易频率来驱动交易成本的下降，进而促进资产评估机构的运营效率的提升。具体分析如下：

首先，信息化建设可以拓展有限理性。Simon（1955）提出的有限理性理论指出，人的认知和信息处理能力是有限的，只能利用很小的信息子集，无法处理管理决策所需更精细、更多维的信息。对于管理者而言，面对重新归集、概括海量多维度信息的繁重工作，很可能对此望而却步，最终在决策时放弃参考这些信息，从而降低了企业的资源配置效率。对于评估人员而言，面对纷繁复杂的企业情况、浩瀚如海的数据信息，无法避免人为差错。而信息化建设可以缓解这一情形，一方面，信息化建设使得信息技术渗透至微观企业，加大了企业内部的信息交流和处理速度（Bresnahan 和 Trajtenberg，1995）。例如，企业信息系统可以将企业的财务数据与大量非财务的业务数据等多维度信息（如客户资料信息）实时对接，使得管理者能够从业务活动全视角和经营周期全过程出发，快速提取出对于决策有用的信息（Poston 和 Grabski，2001），从而有利于管理者做出明智的决策（Mithas 等，2013）。那么资产评估机构管理层在做决策时可以通过借助各种信息化技术和信息系统软件，充分收集和掌握企业内外部各种相关信息，并以多种规则对其所掌握的信息进行分类、提取和全面智能化的分析，从而提高决策效率，优化资源配置。例如，信息化建设可以帮助资产评估机构应用大数据技术，将客户按照行业和规模细分为若干个客户群，在每个细分群中找出标杆企业，全面了解客户基本情况，包括客户是否存在重大风险，进而做出是否承接、评估收费以及拟委派项目组成员的专业构成等的决策。另一方面，企业信息系统功能模块可以应用自动化流程自动处理大量数据，降低资产评估机构人员的信息处理成本，减少了人为错误（Wixom 和 Todd，2005），提高评估机构管理层和人员所依据的信息质量。因此，信息化建设有助于减少因评估机构管理层和评估人员因个人认知和信息处理能力有限而导致的误差，从而提高资产评估机构的运营效率。

其次，信息化建设可以抑制机会主义行为。Jensen 和 Meckling（1992）

提出的决策权理论指出，人的认知具有局限性，这导致信息具有较高的传输和接收成本。将企业组织下层大量与决策相关的特有知识传输到高层管理者的成本很高，而将决策权置于底层又会引发机会主义行为。Bodnar等（1999）也发现，协调企业不同部门的活动，并将资源和权力下放到不同的地理位置，使得监督变得更加困难和昂贵，从而导致代理成本增加。而信息技术的应用可以有效缓解这一情形。原因在于：其一，信息化建设通过信息技术在企业中的应用可以改变传统的信息传递和获取方式，扩大信息交流范围，代替了原来由中间管理层进行信息传递这一路径，从而减少了对多层管理的需求（Huber，1984）。其二，信息化建设利用新兴技术将企业中大量人与人的牵制通过输入控制、处理控制和输出控制嵌入系统，能够增加企业的透明度和信息的流通速度，有利于提高企业的信息披露质量和信息传递效率，减少企业内部各个部门之间的信息沟通不畅的问题，降低信息传输成本，促成底层信息的上传，从而减少由信息不对称导致的评估机构员工之间相互利用、相互串通、相互勾结等机会主义行为。其三，信息技术能够促使信息及时有效、准确地收集和传递到评估机构的管理层，便于管理层及时全面掌握评估机构以及客户的相关状况，使其决策时更多地基于数据的定量分析而非主观判断，从而减少个人自由裁量权，这有利于评估机构精准把脉委托方评估需求，建立更加专业、有效、紧密、稳定的委托代理关系。其四，信息化建设也有助于提高评估机构内部治理水平。已有研究发现，与信息技术相关的内部控制重大缺陷会损害公司获取、记录、处理和分析原始交易数据的能力，导致内部管理报告出现错误（Feng等，2009），增加了管理者和其他员工的机会主义行为（林润辉等，2015），从而降低了企业的运营效率（Cheng等，2018）。而资产评估机构的信息化建设有利于提高评估机构的内部控制水平，使其从评估业务的委托受理，到前期准备、评定估算，再到评估报告的撰写、归档的业务流程更趋于科学化和精准化，同时对项目质量进行全过程、全方位的控制，强化自律自查和监管管理，从而有利于切实落实监管部门监管要求，降低监管成本，提高资产评估机构的运营效率。

再次，信息化建设可以降低不确定性。信息化建设有助于实现企业管理的自动化、标准化和集成化，从而降低不确定性（Jia 等，2020）。具体而言，从企业管理的自动化来看，企业信息系统功能模块的自动化特性可以自动处理大量数据，而且自动化流程不易出现人为错误，提高了信息质量，从而及时准确地生成有关公司经营活动信息，使得资产评估机构能够全面地感知市场信息，找到最合算的服务对象，并根据客户的不同需求提供针对性的解决方案。当运营环境发生变化时，企业信息系统的运营模块可以自动调整价值链流程（Tian 和 Xu，2015）。例如，当客户更改订单时，运营模块会自动触发客户和销售管理以及供应链管理中的响应，使公司有效、及时、协同应对经营环境的变化。从企业管理的标准化来看，信息技术可以通过标准化公司的业务流程（Cotteleer 和 Bendoly，2006），以应对监管环境的不确定性。例如，企业信息系统中功能模块中的标准会计流程通过执行一致和可重复的流程提高了会计数据质量，使得机构员工遵守相同的行动规则，减少个人自由裁量权（Brazel 和 Agoglia，2007），从而有助于降低评估机构的执业风险，以应对当前监管模式的不断变革。从企业管理的集成化来看，集成化的运营模块有助于整个价值链的运营流程作为一个整体来应对环境变化的不确定性（Tian 和 Xu，2015）。例如，企业信息系统的运营模块可以通过加强面向客户的下游流程和上游供应链之间的协调，使得企业能够更全面、及时地感知和响应市场需求变化，及时调整生产规模（Yao 和 Zhu，2012），进而提高评估机构运营效率。

最后，信息化建设可以提高交易频率。信息化建设能够提高资产评估机构的个人工作效率和团队组织效率，从而有利于提升资产评估业务效率，进而提高交易频率。具体地，信息技术的应用可以改善业务流程和传播速度，使得资产评估师、评估助理以及项目负责人等能够更及时地进行沟通和交流，提高个人工作效率（陈玉宇和吴玉立，2008）。项目管理信息系统有助于项目负责人及时了解整个项目组的工作进度，迅速进行人员调整和任务分派，促进团队沟通共享，强化部门之间的协同作业，实现各部门无缝连接，进而提升评估团队的组织效率。此外，企业本身的生产要素、环境等资源基础与信息技术相匹配产生电子商务模式，与客户之间形成网络效应（石大千等，

2020）。王珂和周亚拿（2019）的研究发现，企业信息化设备建设投入以及网站的建立能够促进其与供应链上下游企业有关需求、库存、产量等信息的分享，从而优化企业运营并推动企业的发展。那么资产评估机构可以依托门户网站以及微信平台，做到足不出户就可以寻找有关客户的信息，吸引并挖掘潜在客户，与客户在网上进行讨价还价、售后服务等商业谈判行为，从而进一步提高交易频率。

通过以上分析，资产评估机构的信息化建设可以通过拓展有限理性、抑制机会主义行为、降低不确定性、提高交易频率，从而降低交易成本，提高资产评估机构的运营效率。然而，考虑到机构进行信息化建设同样需要支付大量的成本（曾昌礼，2018），那么资产评估机构进行信息化建设支出的成本可能会大于信息化建设所能够降低的交易成本。例如Loveman（1994）对370家公司的研究表明，信息技术投资对公司业绩指标，如资产回报率、股本回报率和总回报率有负面影响。赵泉午等（2008）也发现，在企业投入大量成本进行信息化建设后，公司绩效在之后的一段时间内甚至有所下降。综合上述分析，信息化建设能否提高资产评估机构的运营效率是一个实证问题。为此，我们提出如下竞争性假设：

研究假设H1a：信息化建设水平与资产评估机构运营效率正相关。

研究假设H1b：信息化建设水平对资产评估机构运营效率没有影响。

第三节　研究设计

一、样本选择与数据来源

本章以2014—2018年69家证券业资产评估机构层面数据为研究样本。之所以选择证券业资产评估机构作为我们的研究样本，原因在于尽管目前中国有4000多家资产评估机构，但是大多数规模较小，而这69家证券业资产评估机构规模较大，拥有的资产评估师和占领的资产评估市场的份额也较多，地域分布也与我国当前的经济发展的区域分布相一致。因此，我们认为这69家资产评估机构可以代表目前中国资产评估行业的真实状况。资产评估机构层面的数据来源于中国资产评估协会网站，通过手工整理形成。资产评估的信息化建设数据来源于中国资产评估协会对69家证券业资产评估机构2014—2018年信息化建设情况所进行的问卷调查。调查共发放问卷69份，收回有效问卷62份，问卷回复率为89.86%。为了使各年数据之间具有可比性，我们进一步在样本中剔除了不属于在2014—2018年期间均为证券业资产评估机构，最终得到300个观测值[①]。为弱化异常值的影响，本章对模型中的所有连续变量在1%和99%的水平上进行了缩尾处理。

二、实证模型

为检验信息化建设水平对资产评估机构运营效率的影响，本章将利用传统投入导向的BCC模型，使用Deap2.1软件，计算资产评估机构的运营效率。

第一阶段：被解释变量资产评估机构运营效率的DEA估计。

本章研究的运营效率主要是指单个资产评估机构投入与产出之间的比例关系。Banker等（2005）在考察美国会计师事务所运营效率时，选取了注册会计师数量、合伙人数量以及其他从业人员作为投入变量，并选取审计业务收入、咨询业务收入和税收筹划业务收入作为产出变量。刘明辉和王杨（2012）综合考虑了中国注册会计师行业投入品特征、投入产出变量的相关性分析结果和公开信息中投入产出数据的情况，选择了注册会计师人数和其他从业人数作为投入变量，事务所总收入作为产出变量。卢太平和张东旭（2014）在此基础上，进一步加入了资产总额作为投入变量，并选取审计业务收入和其他业务收入作为产出变量，以考察中国会计师事务所的运营效率。因此，我们基于已有文献，并考虑到数据的可获得性和准确性，在资产评估机构投入

---

① 新疆华盛资产评估与不动产估价有限公司于2017年取得证券评估资格、深圳市鹏信资产评估土地房地产估价有限公司于2016年取得证券评估资格。

方面，选取了资产评估师人数、其他从业员工人数和资产总额，在资产评估机构产出方面，选取了评估业务收入和其他业务收入。DEA非参数评估机构效率的投入产出变量定义如下。

表4-1　投入产出变量定义

变量类型	变量名称	单位
投入	资产评估师人数	人
	其他从业员工人数	人
	资产总额	万
产出	评估收入	万
	其他业务收入	万

第二阶段：OLS回归[①]

以第一阶段估计出的资产评估机构的综合效率值作为第二阶段OLS回归的被解释变量，检验信息化建设对资产评估运营效率的影响。模型如下：

$$Crste_{i,t}=\alpha_0+\alpha_1 IT_{i,t}+\alpha_2 Control+\alpha_j\sum Year_{i,t}+\alpha_k\sum Local_{i,t}+\varepsilon_{i,t} \qquad （4-1）$$

其中被解释变量 $Crste_{i,t}$ 表示资产评估机构的运营效率。等式右边的主要解释变量 $IT_{i,t}$ 表示信息化建设水平。若 α_1 为正，则说明信息化建设水平的提升有助于提升资产评估机构的运营效率。同时还增加了一些控制变量，以加大模型的解释力度。具体定义见下文。

三、变量设计

（一）资产评估机构运营效率

本章使用数据包络分析方法（DEA）计算资产评估机构的运营效率。之所以使用该方法进行分析，原因在于微观运营效率的研究多利用数据包络分析，而且大量对事务所效率进行研究的学者指出，以人力资本为主导的行

---

① 未选择Tobit回归分析的原因在于样本数据不符合有截取的数据分布。

业，如注册会计师行业，其投入品并非传统行业中的固定资产、土地等，没有确定的生产函数模型，对其运营效率的研究更适合采用数据包络分析方法（Banker等，2003、2005；刘明辉和王杨，2012；杨世信等，2018）。

本章利用DEA方法计算得出该样本资产评估机构的综合效率值$Crste$作为资产评估机构运营效率的替代指标。具体测算方法可参见Banker等（2003）。运用DEA方法估计资产评估机构运营效率可得出三个效率值：技术效率、纯技术效率和规模效率。规模效率反映事务所内部资源配置效率，纯技术效率反应评估机构内部的生产率水平。技术效率等于纯技术效率乘以规模效率，为综合效率。综合效率值反映的是资产评估机构在规模报酬不变的生产前沿上的最佳投入和实际投入的比率，可以反映资产评估机构的总体效率状况。因此，本章借鉴杨世信等（2018），选用综合效率值$Crste$作为模型（4-1）的被解释变量，而将规模效率值$Scale$用于稳健性检验，以考察信息化建设对资产评估机构运营效率的影响。

（二）资产评估机构信息化建设水平

本章以资产评估机构当年信息化建设支出占业务收入百分比衡量评估机构每年的信息化水平。由于信息化支出占比较小，为便于观测回归系数，我们在实证分析中将该指标扩大100倍代入计量模型。由于不同类别的信息化支出用途可能存在差异，对运营效率的影响也可能不同。本章根据信息化建设的细分内容，进一步研究硬件和软件支出（$IT1$）、技术开发和技术培训支出（$IT2$）和其他信息化支出（$IT3$）这三类分项支出对资产评估机构运营效率的影响。

（三）控制变量

本章借鉴卢太平和张东旭（2014）、杨世信等（2018）的研究，选取评估机构资产规模、评估机构人力资本杠杆、评估机构业务集中度等评估机构内部特征作为控制变量。具体而言，评估机构资产规模（$Asset$）为资产评估机构年末总资产的自然对数。资产规模能够显著影响机构能够利用的资源和运营效率（Banker等，2003；刘明辉等，2005）。人力资本杠杆（*LEV*），为资产评估机构从业总人数/资产评估师人数。由于资产评估机构的评估服务是以团队形式提供的，那么整个团队的生产效率在一定程度上决定了资产评估机构的运营效率。陈燕锡等（2011）以会计师事务所为研究对象发现，事务所的人力资本杠杆越高，团队越难以管理，不利于发挥团队效应，而人力资本杠杆过低，则不利于分担审计工作量，导致审计质量降低。为控制市场需求增长和机构的盈利能力对运营效率的作用，本章加入了机构销售收入增长率（*SG*）和机构的资产净利率（*ROA*）。最后，本章还控制了业务集中度（*BusiCon*）以及流动资产比率（*LR*）对机构运营效率的影响。此外，地区经济发展水平也会影响企业的运营效率，因此本章还在模型中加入了资产评估机构所在地区人均GDP增长率（*GDPr*）以控制地区经济规模的影响，并区分不同城市、年度的地区效应和时间效应。各变量的具体界定详见表4-2。

表4-2　主要变量名及其含义

变量类型	变量符号	变量名称	变量定义
被解释变量	*Crste*	综合效率	技术效率，等于纯技术效率*规模效率
解释变量	*IT*	信息化建设水平	信息化建设支出/业务收入
	IT1	硬件和软件支出	硬件和软件支出/业务收入
	IT2	技术开发和技术培训	技术开发和技术培训支出/业务收入
	IT3	其他信息化建设	其他信息化支出/业务收入
控制变量	*Asset*	评估机构规模	资产评估机构年末总资产的自然对数
	LEV	评估机构人力资本杠杆	评估机构从业总人数/评估师人数
	ROA	机构资产净利率	评估机构净利润/评估机构总资产
	SG	销售收入增长率	评估机构主营业务增长率
	BusiCon	业务集中度	评估收入/资产评估机构业务收入总额
	LR	流动资产比率	评估机构的年末流动资产/年末总资产
	GDPr	地区经济规模	资产评估机构所在地区人均GDP增长率
	Year	年度	年度虚拟变量
	Area	地区	地区虚拟变量

第四节　实证检验结果与分析

一、描述性统计

表4-3中报告了模型（4-1）中主要变量的描述性统计结果。评估机构信息化水平（IT）最大值为14.184，最小值为0.109，标准差约为3.248，样本之间异质性较明显，便于从机构层面研究信息化水平对资产评估机构运营效率的影响。三类信息化分项支出中，硬件和软件支出（$IT1$）和技术开发和技术培训支出（$IT2$）占比较大，均值分别为0.991和3.012，其他信息化支出（$IT3$）占比相对较小，均值为0.870。其他变量的描述性统计结果均在合理范围内。

表4-3　主要变量的描述性统计

变量名	样本量	均值	中位数	标准差	最小值	最大值
Crste	300	0.526	0.497	0.268	0.184	1.000
IT	300	4.877	4.097	3.248	0.109	14.184
IT1	300	0.991	0.816	0.664	0.022	2.803
IT2	300	3.012	2.515	1.996	0.068	8.404
IT3	300	0.870	0.702	0.663	0.018	3.282
Asset	300	17.184	17.064	0.934	15.075	19.365
LEV	300	1.851	1.786	0.262	1.490	2.745
ROA	300	0.045	0.031	0.070	−0.244	0.255
SG	300	0.184	0.108	0.328	−0.386	1.558
BusiCon	300	0.899	0.995	0.240	0.042	1.599
LR	300	0.925	0.966	0.114	0.449	1.024
GDPr	300	1.080	1.086	0.022	1.002	1.123

二、相关性分析

表4-4为主要变量的Pearson相关系数表，由此表可知：IT与$Crste$在1%

的水平显著正相关，相关系数为0.189，说明评估机构信息化水平越高，资产评估机构运营效率越好，初步支持了信息化建设有利于提高资产评估机构运营效率的观点。此外，主要解释变量与控制变量之间的相关系数大部分小于0.5，说明不存在严重的多重共线性问题。

表4-4 主要变量的相关系数表

变量		（1）	（2）	（3）	（4）	（5）	（6）	（7）	（8）	（9）
		Crste	IT	Asset	LEV	ROA	SG	BusiCo	LR	GDPr
（1）	Crste	1.000								
（2）	IT	**0.189**	1.000							
（3）	Asset	**0.193**	**0.267**	1.000						
（4）	LEV	**−0.261**	−0.110	**−0.229**	1.000					
（5）	ROA	**0.144**	0.065	**0.327**	−0.033	1.000				
（6）	SG	**−0.184**	0.055	−0.016	−0.129	0.124	1.000			
（7）	BusiCon	0.089	−0.005	−0.114	−0.058	−0.126	−0.080	1.000		
（8）	LR	−0.034	0.019	−0.060	0.138	0.017	0.086	0.037	1.000	
（9）	GDPr	0.081	0.121	0.142	0.028	0.131	−0.038	0.094	0.050	

注：加粗数字表示在1%水平显著。

三、研究假说的实证检验

本章在表4-5列示了研究假说的OLS回归结果。列（1）的结果表明，信息化建设可以提高资产评估机构的运营效率，表现为IT的回归系数在1%的置信水平显著为正，支持了本章的研究假说H1。第（2）-（4）列考察了硬件和软件支出（$IT1$）、技术开发和技术培训支出（$IT2$）和其他信息化支出（$IT3$）这三类分项信息化建设支出对资产评估机构运营效率的回归结果，结果发现三类信息化分项支出均能在一定程度上提升资产评估机构的运营效率，表现为$IT1$、$IT2$、$IT3$的回归系数在5%的置信水平上均显著为正。上述结果论证了信息化建设对资产评估机构运营效率的正向影响，支持了本章的研究假设H1a。

表4-5　信息化建设与资产评估机构运营效率

变量	（1）	（2）	（3）	（4）
	Crste	Crste	Crste	Crste
IT	0.004** （2.421）			
IT1		0.024** （2.309）		
IT2			0.007** （2.412）	
IT3				0.017** （2.384）
Asset	0.056* （1.780）	0.056 （1.261）	0.056* （1.752）	0.057* （1.817）
LEV	−0.344*** （−5.581）	−0.344*** （−5.251）	−0.344*** （−3.102）	−0.347*** （−5.133）
ROA	0.408 （1.126）	0.409 （1.264）	0.410 （1.163）	0.401 （1.626）
SG	−0.222*** （−4.222）	−0.223*** （−4.103）	−0.223*** （−3.643）	−0.221*** （−5.735）
BusiCon	0.131 （0.422）	0.131 （0.546）	0.131 （0.144）	0.130 （0.225）
LR	−0.045 （−0.840）	−0.046 （−0.861）	−0.045 （−0.842）	−0.043 （−0.809）
GDPr	0.009 （0.828）	0.009 （0.522）	0.009 （0.333）	0.009 （0.326）
Constant	−0.895 （−0.248）	−0.885 （−0.739）	−6.227 （−0.433）	−5.472 （−0.234）
Year	控制	控制	控制	控制
Area	控制	控制	控制	控制
R^2	0.272	0.272	0.272	0.271
N	300	300	300	300

注：括号内为t值，***、**和*分别表示在1%、5%和10%的水平显著，下同。

四、稳健性检验

（一）替换主要解释变量

采用通过问卷调查收集的评估机构是否设立微信公众号（*WeChat*）与公司官网数据（*Website*）代替*IT*变量，使用新的解释变量重新对原模型（4-1）回归。结果列示在表4-6。结果表明，*WeChat* 与 *Website* 的回归系数在5%的置信水平上显著为正，支持了本章的研究假设H1a。

表4-6　替换主要解释变量

变量	（1） *Crste*	（2） *Crste*
Website	0.155** （2.421）	
WeChat		0.026** （2.566）
Asset	0.044 （1.398）	0.057* （1.781）
LEV	−0.428*** （−4.780）	−0.356*** （−3.337）
ROA	0.233 （1.134）	0.399 （1.531）
SG	−0.233*** （−4.423）	−0.224*** （−5.644）
BusiCon	0.106 （0.843）	0.129 （0.293）
LR	−0.017 （−0.336）	−0.051 （−1.043）
GDPr	0.010 （0.725）	0.010 （0.517）
Constant	−0.745 （0.679）	−0.908 （−0.442）

变量	（1）Crste	（2）Crste
Year	控制	控制
Area	控制	控制
R^2	0.318	0.271
N	300	300

（二）替换运营效率变量

本章在此借鉴杨世信等（2018），用配置效率（*Scale*）代替综合效率（*Crste*），使用新的被解释变量对模型（4-1）重新进行回归，结果列示在表4-7。实证结果发现，*IT*、*IT*1、*IT*2、*IT*3的回归系数分别在10%、5%、10%和10%的置信水平上显著为正，支持了本章的研究假设H1a。

表4-7　替换运营效率变量

变量	（1）Crste	（2）Crste	（3）Crste	（4）Crste
IT	0.007* （1.879）			
IT1		0.036** （2.066）		
IT2			0.011* （1.932）	
IT3				0.025* （1.693）
Asset	0.043 （1.233）	0.045 （1.286）	0.045 （1.288）	0.035* （1.760）
LEV	−0.305*** （−3.342）	−0.307*** （−3.242）	−0.306*** （−3.325）	−0.305*** （−3.848）
ROA	0.549*** （3.041）	0.548*** （3.668）	0.547*** （3.176）	0.536*** （3.536）

续表

变量	（1） Crste	（2） Crste	（3） Crste	（4） Crste
SG	−0.172*** （−5.142）	−0.172*** （−4.363）	−0.172*** （−4.140）	−0.169*** （−3.746）
BusiCon	0.048 （0.365）	0.049 （0.553）	0.049 （0.417）	0.042* （1.659）
LR	0.058 （0.627）	0.053 （0.923）	0.057 （0.651）	0.058 （0.778）
GDPr	0.000 （0.101）	0.000 （0.095）	0.000 （0.071）	0.000 （0.123）
Constant	0.416 （0.960）	0.373 （0.880）	0.379 （0.905）	0.557 （0.261）
Year	控制	控制	控制	控制
Area	控制	控制	控制	控制
R^2	0.297	0.298	0.297	0.292
N	300	300	300	300

（三）控制评估机构固定效应

为缓解评估机构层面不随时间改变的遗漏变量（如企业文化、地理因素等）对估计结果的影响，本章使用了控制资产评估机构固定效应的模型（4-1）进行回归，结果列示在表4-8。结果发现，*IT*、*IT*1、*IT*2、*IT*3的回归系数分别在5%、10%、10%、5%的置信水平上显著为正，支持了本章的研究假设H1a。

表4-8　控制评估机构固定效应

变量	（1） Crste	（2） Crste	（3） Crste	（4） Crste
IT	0.007** （2.380）			
IT1		0.035* （1.938）		

变量	（1）Crste	（2）Crste	（3）Crste	（4）Crste
IT2			0.010*（1.685）	
IT3				0.022**（2.412）
Asset	0.003（0.095）	0.005（0.150）	0.004（0.121）	−0.004（−0.691）
LEV	−0.374***（−5.316）	−0.375***（−5.342）	−0.374***（−5.317）	−0.373***（−5.117）
ROA	0.517***（3.702）	0.516***（3.711）	0.513***（3.672）	0.505***（3.913）
SG	−0.237***（−9.458）	−0.237***（−9.491）	−0.237***（−9.458）	−0.234***（−9.170）
BusiCon	−0.049（−0.336）	−0.048（−0.916）	−0.049（−0.939）	−0.055（−0.938）
LR	0.035（0.335）	0.031（0.293）	0.034（0.128）	0.035（1.471）
GDPr	0.001（0.097）	0.001（0.128）	0.001（0.128）	0.001（0.111）
Constant	1.042（1.325）	1.004（1.273）	1.017（1.282）	0.179（0.322）
Year	控制	控制	控制	控制
Agent	控制	控制	控制	控制
R^2	0.446	0.447	0.445	0.443
N	300	300	300	300

（四）倾向得分匹配法

本章在此使用了倾向得分匹配法，以使实施不同信息化建设的资产评估机构更为可比。具体步骤如下，第一步，我们按照将资产评估机构的信息化建设支出以及三类信息化分项支出（IT、$IT1$、$IT2$、$IT3$）按中位数划分为两组，将信息化建设高于中位数时划分为资产评估机构信息化建设水平高组（IT_H、$IT1\_H$、$IT2\_H$、$IT3\_H$）。第二步，我们利用Logit模型估计样本机构信息化建设水平高的概率，并把回归预测值作为倾向得分。其中被解释变量是机构信息化建设水平高低的虚拟变量，解释变量为机构规模、机构年龄、机构资产负债率、机构业务集中度、机构资产净利率、机构业务增长率、机构专业化程度，同时在模型中我们也控制了地区和年份变量。第三步，采用一对一最近邻匹配的方法对样本进行匹配。使用匹配样本对模型（4-1）进行估计的结果列示在表4-9。结果发现，IT、$IT1$、$IT2$、$IT3$回归系数分别在5%、10%、5%、10%的置信水平上显著为正，支持了本章的研究假设H1a。

表4-9　PSM法

变量	（1）	（2）	（3）	（4）
	Crste	Crste	Crste	Crste
IT	0.012** （2.361）			
IT1		0.019* （1.733）		
IT2			0.012** （1.992）	
IT3				0.016* （1.688）
Asset	0.093 （0.149）	0.089 （0.174）	0.073 （0.103）	−0.034 （−0.139）
LEV	−0.381*** （−3.096）	−0.386*** （−3.356）	−0.284*** （−3.801）	−0.255*** （−3.728）
ROA	0.072*** （3.031）	0.213*** （3.870）	0.082*** （3.455）	0.401*** （3.355）
SG	−0.171*** （−5.110）	−0.237*** （−9.273）	−0.199*** （−4.164）	−0.234*** （−4.204）
BusiCon	0.076 （0.376）	0.101 （0.318）	0.156 （0.187）	0.045 （0.513）

续表

变量	（1） *Crste*	（2） *Crste*	（3） *Crste*	（4） *Crste*
LR	−0.251 （−0.880）	−0.183 （−0.737）	−0.199 （−0.651）	0.194 （0.912）
GDPr	0.012 （0.167）	0.001 （0.207）	−0.002 （−0.794）	−0.018 （−0.398）
Constant	−1.542 （−1.141）	−0.330 （−1.234）	−0.053 （−1.378）	3.254 （1.511）
Year	控制	控制	控制	控制
Agent	控制	控制	控制	控制
R^2	0.347	0.339	0.270	0.597
N	148	144	144	140

（五）自选择问题的处理

运营效率较高的资产评估机构可能倾向于选择进行信息化建设，以促进资产评估机构运营效率的进一步提升。为了避免此类内生性问题的影响，本章采用 Heckman 两阶段回归法进行稳健性检验。在第一阶段中，设立一个评估机构信息化建设水平高低概率的模型。根据资产评估机构信息化建设支出（*IT*）中位数分布设置虚拟变量（*IT_H*）作为因变量，同时将评估机构所在省份当年其他机构的信息化建设总支出均值（*IT_M*）作为信息化建设的排他性外生变量，我们在第一阶段采用 Probit 进行回归，从而计算出逆米尔斯比率（*IMR*），将其代入模型（4-1）中进行第二阶段回归。

表4-10的 Panel A 列示了第一阶段回归结果，从中可看出评估机构所在省份当年其他机构的信息化建设总支出均值（*IT_M*）越高，资产评估评估机构的信息化建设水平越高。表4-10的 Panel B 列示了第二阶段回归结果，*IMR* 的系数显著为负，说明原样本存在自选择问题。结果表明，在控制高信息化水平组的样本选择偏差后，信息化建设水平越高，资产评估机构的运营效率越高，表现为 *IT* 的回归系数在5%的置信水平上显著为正，支持了本章的研究假设 H1a。

表4-10 Heckman两阶段法

Panel A：Heckman第一阶段Probit回归			
	IT_H		*IT_H*
IT_M	0.476*** （4.54）	*GDPr*	0.051 （0.57）
Asset	0.364*** （3.65）	Constant	0.341 （0.15）
LEV	−0.431 （−1.32）	*Year*	控制
		Area	控制
ROA	−1.679 （−1.20）	*Pseudo R²*	0.220
		N	300
SG	−0.253 （−0.90）		
BusiCon	−0.106 （−0.25）		
LR	−0.203 （−0.22）		

Panel B：Heckman第二阶段Probit回归			
	Crste		*Crste*
IT	0.002** （2.193）	*GDPr*	−0.000 （−0.157）
Asset	0.041 （0.149）	*IMRi*	−0.073** （−2.317）
LEV	−0.326*** （−3.369）	Constant	0.501 （1.294）
ROA	0.524*** （3.073）	*Year*	控制
		Area	控制
SG	−0.218*** （−5.169）	*R²*	0.289
		N	300
BusiCon	0.122 （0.858）		
LR	−0.059 （−0.827）		

（六）差分模型

考虑到存在遗漏的关键变量同时影响资产评估机构的运营效率与信息化建设，进而导致本章的研究结果，我们采用了差分（Change）模型，运用所有变量当期值与滞后一期值的变化值重新进行回归分析，以消除潜在未考虑到的关键变量的影响。实证结果列示在表4-11列（1），IT的回归系数在5%的置信水平显著为正，研究假设H1a仍然成立。

（七）滞后效应

由于信息化建设对于提高资产评估机构运营效率的效果可能存在滞后效应，我们进一步分析了滞后1-3期的信息化建设支出对资产评估机构运营效率的影响。实证结果列示在表4-11的列（2）-（4），IT的回归系数在10%的置信水平上显著为正，研究假设H1a仍然成立。

表4-11　其他稳健性检验

变量	（1）	（2）	（3）	（4）
	$\triangle$ Crste	Crste	Crste	Crste
IT	0.001** （2.365）			
IT_{t-1}		0.013* （1.897）		
IT_{t-2}			0.015* （1.726）	
IT_{t-3}				0.001* （1.772）
$Asset$	−0.085 （−1.337）	0.045 （1.317）	0.041 （1.105）	0.098 （0.614）
LEV	−0.217** （−1.964）	−0.324*** （−3.489）	−0.298*** （−2.790）	−0.226** （−2.474）
ROA	0.307 （1.229）	0.339 （1.201）	0.537* （1.733）	0.045 （1.591）

续表

变量	（1） $\triangle$ Crste	（2） Crste	（3） Crste	（4） Crste
SG	−0.201*** （−4.671）	−0.187*** （−4.256）	−0.253*** （−4.795）	−0.240*** （−4.463）
BusiCon	−0.050 （−0.891）	0.125 （0.820）	0.055 （0.311）	0.086 （0.715）
LR	−0.007 （−0.269）	0.086 （0.433）	0.075 （0.364）	0.117 （1.237）
GDPr	0.003 （0.715）	−0.003 （−0.359）	−0.001 （−0.103）	−0.021 （−1.126）
Constant	0.117 （0.234）	0.481 （0.380）	0.344 （0.218）	0.374 （0.394）
Year	控制	控制	控制	控制
Area	控制	控制	控制	控制
R^2	0.358	0.212	0.197	0.197
N	240	240	180	120

第五节 进一步分析

信息化建设可以通过通过拓展有限理性、抑制机会主义行为、降低不确定性、提高交易频率，降低交易成本，但这能在多大程度上提升资产评估机构的运营效率，一方面可能受到资产评估机构所在地区的外部环境的影响，如室外空气质量是影响资产评估师外勤工作效率的重要因素。另一方面可能会受到资产评估机构所处的市场空间和业务增长机会的影响。当资产评估机构所处市场空间更大、业务增长机会更大时，机构决策质量的提高更容易转化为运营效率的提升，而如果整个行业不景气，则决策质量对于运营效率的提升作用有限。此外，资产评估机构层面的因素，如资产评估机构的规模以及人力资本情况可能会影响资产评估机构的信息技术利用能力，进而影响信息化建设与运营效率之间的关系。基于此，本章通过分别考察空气污染、资产评估机构业务增长机会、机构规模和人力资本水平对信息化建设与运营效率之间关系的影响，以拓展我们的主要分析。

一、空气污染的影响

已有研究发现，空气污染不仅会损害人们的生理健康，降低劳动力的生产率（陈硕和陈婷，2014；Schlenker 和 Walker，2015；Weinmayr 和 Forastiere，2010），还可能通过对个人的心理健康造成不利影响（Arvin 和 Lew，2012）、提高企业的附加环境成本（Akpalu 和 Ametefee，2017）、造成劳动力错配（韩超等，2017）、减少劳动力供给（Qin 和 Zhu，2017）等渠道降低企业的生产率（李卫兵和张凯霞，2019）。因此，信息化建设与资产评估机构运营效率之间的关系显然会受到空气污染的影响。具体而言：

首先，空气污染会通过分散注意力和弱化视觉功能影响人们的反应能力、认知能力和注意力，进而影响技能从业人员的工作效率（Change 等，2016）。对于资产评估机构员工而言，空气污染会使其身体健康状况恶化，导致其信息收集和处理能力下降，从而降低决策效率，影响资产评估质量，降低客户满意度。然而，信息化建设可以拓展资产评估机构人员的有限理性，应用自动化流程自动处理大量数据，降低资产评估机构人员的信息处理成本，减少了人为错误（Wixom 和 Todd，2005），提高评估机构管理层和人员所依据的信息质量，从而有助于减少因评估机构管理层和评估人员因空气污染所导致的个人反应能力、认知能力、注意力能力有限而导致的误差，缓解空气污染对资产评估机构的运营效率所造成的不利影响。

其次，空气污染会通过迫使人们减少户外社会交往活动，进而限制社会群体之间的沟通交流。Evans 等（1987）研究发现暴露在严重的空气污染中将会引发人们低落、焦虑、沮丧等负面情绪，不利于人与人之间的沟通和交流，从而影响劳动生产率（Zivin 和 Neidell，2012）。因此，在空气污染严重时，一方面可能会影响资产评估机构人员进行实地勘察，另一方面资产评估机构人员接触空气污染后所引发的负面情绪可能影响其与客户的沟通与交流，导致客户流失，这两方面都可能降低资产评估机构的交易频率，导致资产评估机构运营效率的低下。然而，当资产评估机构的信息化建设水平高时，资产评估机构的评估人员在空气质量不佳时一方面可以利用线上作业平台进行远程勘察，另一方面还可以通过电子邮件、微信公众号等信息渠道与客户进行沟通与交流，从而减少了空气污染对其情绪的不利影响，有利于评估机构维系和发展客户，提高交易频率，进而缓解空气污染对资产评估机构的运营效率造成的负面影响。

最后，空气污染不仅会损害劳动力的身体健康（包括呼吸系统、心肺功能）（Weinmayr 和 Forastiere，2010；陈硕和陈婷，2014；Schlenker 和 Walker，2015），导致缺勤率增加，工作时间下降（Hanna 和 Oliva，2015），而且还会提高劳动力迁移的概率（Qin 和 Zhu，2017），从而增加了企业运营环境的不确定性，降低了企业的生产效率（李卫兵和张凯霞，2019）。而信息化建设有助于实现企业管理的自动化、标准化和集成化，从而降低环境的不确定性（Jia 等，2020），使得企业能够更全面、及时地感知和响应企业内外部发生的各种变化，及时调整生产规模（Yao 和 Zhu，2012），进而提高资产评估机构的运营效率。综上所述，在空气质量较差时，信息化建设水平对于资产评估机构的运营效率的增量贡献将会更加明显。

基于此，本章以评估机构所在省级地区的年平均空气质量达标天数占全年比例衡量当地每年的空气质量，当年空气质量小于该地区全部年份空气质量中位数，则将该年划分为空气质量较差的年份（$AQ\_L=1$），否则划为空气质量较好的年份（$AQ\_L=0$），在模型（4-1）中加入评估机构所在地年度空气质量水平（AQ_L）与信息化水平（IT）和三类信息化分项支出（$IT1$、$IT2$、$IT3$）的交乘项，以检验空气质量对信息化建设水平与资产评估机构运营效率的影响。实证结果列示在表4-12。结果发现，AQ_L 和 IT、$IT1$、$IT2$ 的交乘项系数均在5%的置信水平上显著，这说明当空气质量较差时，信息化支出及硬件和软件支出、技术开发和技术培训支出两类分项支出对资产评估机构运营效率的正向影响更强。以上实证结果表明，在空气质量较差的环境中，信息化建设可以通过增强评估机构人员的理性、提高工作效率、提高交易频率，进而降低交易成本，从而对提高资产评估机构运营效率的增量贡献更大。

表4-12 空气污染的影响

变量	（1）	（2）	（3）	（4）
	Crste	Crste	Crste	Crste
AQ_L*IT	0.006** （2.447）			
IT	0.001* （1.781）			
AQ_L*IT1		0.033** （2.311）		
IT1		0.006 （1.529）		
AQ_L*IT2			0.011** （2.211）	
IT2			0.001 （1.102）	
AQ_L*IT3				0.006** （2.401）
IT3				0.013 （1.248）
AQ_L	−0.044** （−2.488）	−0.048** （−2.039）	−0.048*** （−2.640）	−0.021** （−2.008）
Asset	0.056* （1.723）	0.056 （1.336）	0.056 （1.231）	0.057* （1.846）
LEV	−0.344*** （−3.933）	−0.344*** （−3.449）	−0.344*** （−3.041）	−0.348*** （−3.485）
ROA	0.398 （1.238）	0.398 （1.266）	0.398 （1.127）	0.399 （1.124）
SG	−0.224*** （−5.032）	−0.225*** （−5.846）	−0.225*** （−5.643）	−0.220*** （−5.835）
BusiCon	0.130 （0.941）	0.130 （0.902）	0.130 （0.902）	0.130 （0.939）
LR	−0.038 （−0.266）	−0.038 （−0.366）	−0.038 （−0.363）	−0.038 （−0.703）

续表

变量	（1）	（2）	（3）	（4）
	Crste	Crste	Crste	Crste
GDPr	0.010 （0.652）	0.010 （0.628）	0.010 （0.699）	0.010 （0.844）
Constant	−0.172 （−0.539）	−0.979 （−0.901）	−0.979 （−0.950）	0.422* （1.713）
Year	控制	控制	控制	控制
Area	控制	控制	控制	控制
R^2	0.274	0.275	0.274	0.271
N	300	300	300	300

二、资产评估机构业务增长机会的影响

当企业所处市场空间更大，业务增长机会更多时，企业的决策质量将会下降，而且会面临更多的不确定性，这将会对企业的运营效率产生不利影响。原因在于：

一方面，在企业的业务增长机会增多时，企业管理者倾向于快速做出决策，这将导致企业的决策质量低下（Eisenhardt，1989）。企业的运营在这种快速决策之下往往会反应不足（Williamson，1975），从而无法满足不断变化的市场需求。另一方面，当企业的业务增长机会增多时，将会面临更为复杂和不断变化的外部环境，这会导致人们无法识别与现有环境、行业趋势和实施战略相关的信息（Milliken，1987），从而造成更大的不确定性。而企业的信息系统使得管理者能够从业务活动全视角和经营周期全过程出发，快速提取出更为及时、相关的信息（Poston 和 Grabski，2001），从而有利于管理者做出明智的决策（Mithas 等，2013），提高决策质量。企业的信息化建设使得信息技术渗透至微观企业，这加大了企业内部的信息交流和处理速度（Bresnahan和 Trajtenberg，1995），使其能够充分收集和掌握企业内外部各种相关信息，并以多种规则对其所掌握的信息进行分类、提取和全面智能化的分析，从而

有利于优化资源配置。

此外，当企业的业务增长机会增多时，为实现企业的交易频率的增加，对企业把握商业机会的能力也提出了更高的要求（Li和Ye，1999）。为了强化这一能力，企业需要对其业务结构和流程做出相应的调整，使其能够更快地做出决定和采取行动。而企业的信息化建设可以依托其信息化管理系统，有助于实现企业管理的自动化、标准化和集成化，提高企业适应环境的能力，从而降低不确定性（Jia等，2020）。信息技术的应用可以改善业务流程和传播速度，使得资产评估师、评估助理以及项目负责人等能够更及时地进行沟通和交流，提高个人工作效率（陈玉宇和吴玉立，2008）。企业信息化设备建设投入以及网站的建立能够促进其与供应链上下游企业有关需求、库存、产量等信息的分享，进而提高企业的运营效率。

基于此，企业信息化建设依托信息技术在信息获取、资源整合、组织协调等方面的投资优势有助于快速响应不断变化的外部环境所提出的要求（Chatterjee等，2002），进而提高企业的决策质量，减少不确定性并且增加交易频率。因此，当企业所处市场空间更大、业务增长机会更多时，企业不确定性的降低、决策质量和交易频率的提高更容易转化为生产率提升。如果整个行业不景气或处于成熟期，则信息化建设对于资产评估机构运营效率的提升作用有限。综上所述，当资产评估机构的业务增长机会越多时，信息化建设对资产评估机构运营效率的提升作用越强。

为检验业务增长机会对信息化建设与资产评机构运营效率的影响，本章借鉴叶康涛和孙苇杭（2019），以同一年度和城市的机构销售收入增长率均值代表业务增长机会。当资产评估机构的销售收入增长率大于同一年度和城市的机构销售收入增长中位数，则业务增长机会多（$Growth\_H$=1），否则为业务增长机会少（$Growth\_L$=0）。我们在模型（4-1）中加入业务增长机会（$Growth\_H$）与信息化建设支出（IT）和三类信息化分项支出（$IT1$、$IT2$、$IT3$）的交乘项。结果列示在表4-13，显示$Growth\_H$和IT、$IT1$、$IT2$、$IT3$的交乘项系数分别在10%、5%、5%、10%的置信水平显著为正，说明当资产评估机构业务增长机会越多时，信息化建设对资产评估机构运营效率的正向影响更强。

表4-13 资产评估机构业务增长机会的影响

变量	（1）	（2）	（3）	（4）
	Crste	Crste	Crste	Crste
Growth_H*IT	0.023* （1.823）			
IT	−0.012 （−1.373）			
Growth_H*IT1		0.106** （2.033）		
IT1		0.054 （1.482）		
Growth_H*IT2			0.037** （2.375）	
IT2			0.019* （1.861）	
Growth_H*IT3				0.107* （1.843）
IT3				0.059 （1.522）
Growth_H	0.030 （0.280）	0.035 （0.580）	0.030 （0.306）	0.051 （0.328）
Asset	0.006 （0.159）	0.007 （0.584）	0.007 （0.393）	0.006 （0.123）
LEV	−0.358*** （−4.534）	−0.358*** （−4.247）	−0.358*** （−4.441）	−0.354*** （−4.244）
ROA	0.417 （1.539）	0.411 （1.269）	0.412 （1.116）	0.448 （1.152）
SG	−0.238*** （−5.537）	−0.238*** （−5.440）	−0.238*** （−5.354）	−0.238*** （−4.445）
BusiCon	0.145 （1.123）	0.145 （1.344）	0.145* （1.659）	0.148* （1.830）
LR	−0.008 （−0.054）	−0.012 （−0.047）	−0.008 （−0.057）	−0.007 （−0.030）

变量	（1）	（2）	（3）	（4）
	Crste	Crste	Crste	Crste
GDPr	0.012 （0.880）	0.012 （0.844）	0.012 （0.528）	0.012 （0.864）
Constant	−0.402 （−0.213）	−0.054 （−0.399）	−0.063 （−0.476）	−0.125 （−0.964）
Year	控制	控制	控制	控制
Area	控制	控制	控制	控制
R^2	0.320	0.318	0.320	0.319
N	300	300	300	300

三、资产评估机构规模的影响

Jensen 和 Meckling（1992）提出的决策权理论指出，由于信息是在企业内部自下而上收集，自上而下反馈的，因此将企业组织下层与决策相关的特有知识传输到高层管理者的成本很高，而将决策权置于底层又会引发机会主义行为（Jensen 和 Meckling，1992）。因此，在不同的企业规模下，由于组织特点有很大不同，那么信息化建设与资产评估机构运营效率之间的关系可能会存在差异。

对于小规模企业而言，其内部管理层级和组织结构较为简单，决策机制更加灵活，信息传递成本较低，从而使得信息的传递更加准确及时，决策效率更高（Klein，2002）。Banker 等（2003）的研究发现，会计师事务所合并后经营绩效的大幅提高主要原因在于实现了规模经济。而小规模企业的技术和资金有限，信息化建设水平较低，往往很难实现对信息系统的有效应用和恰当控制（Forman，2005；Zhu 等，2005；汪淼军等，2006）。

对于大规模企业而言，其组织特点是内部管理层级和中层管理人员较多，这会增加信息的传输和接收成本，导致决策效率低下，难以及时对环境变化做出相应，增加了决策过程中的不确定性。因此，随着企业规模扩大，组织管理成本可能会快速增加，使得企业在获得规模优势的同时失去了效率优势，反而出现规模不经济。而信息技术的应用可以改变信息传递的方式，扩大信息交流范围，代替了原来由中间管理层进行信息传递这一路径，从而减少了对多层管理的需求（Huber，1984）。同时信息化管理系统也减少了企业内部各个部门之间的信息沟通不畅的问题，降低信息传输成本，促成底层信息的上传，使得信息能够及时有效、准确地收集和传递到评估机构的管理层，便于管理层及时全面掌握评估机构以及客户的相关状况，提高决策效率。因此，规模越大的企业，越倾向于将信息技术作为企业经营和发展的重要资源（Brynjolfsson和Hitt，1995），从而使得大规模企业可以同时实现规模优势和效率优势。而且规模越大的企业越有足够的资源聘请咨询公司为其信息化建设的部署提供专业服务和专家建议（Forman，2005；Zhu等，2006），相比规模小的企业，其使用信息技术的效率也更高，进而有利于提高信息化建设提升资产评估机构运营水平的作用。综上所述，本章认为，信息化建设水平与资产评估机构运营效率的正向关系在资产评估机构规模较大时更为显著。

基于此，本章在模型（4-1）中加入评估机构规模（$Asset$）与信息化水平（IT）和三类信息化分项支出（$IT1$、$IT2$、$IT3$）的交乘项，以检验机构规模对信息化建设水平与资产评估机构运营效率的影响。回归结果列示在表4-14，$Asset$和IT、$IT1$、$IT2$、$IT3$的交乘项系数分别在5%、10%、5%、10%的置信水平上显著为正，说明当评估机构规模较大时，信息化建设对资产评估机构运营效率的正向影响更强。

表4-14 资产评估机构规模的影响

变量	（1）	（2）	（3）	（4）
	Crste	Crste	Crste	Crste
$Asset*IT$	0.011** （2.544）			
IT	-0.019 （-1.643）			
$Asset*IT1$		0.052* （1.761）		

续表

变量	（1）Crste	（2）Crste	（3）Crste	（4）Crste
IT1		−0.087 （−1.552）		
Asset*IT2			0.017** （1.970）	
IT2			−0.029 （−1.397）	
Asset*IT3				0.065* （1.741）
IT3				−0.016 （−1.560）
Asset	−0.004 （−0.086）	−0.000 （−0.014）	−0.000 （−0.106）	−0.003 （−0.101）
LEV	−0.357*** （−4.595）	−0.356*** （−4.530）	−0.358*** （−4.724）	−0.356*** （−4.094）
ROA	0.390 （1.514）	0.391 （1.275）	0.391 （1.599）	0.397* （1.948）
SG	−0.209*** （−4.911）	−0.209*** （−3.932）	−0.209*** （−3.691）	−0.211*** （−3.861）
BusiCon	0.130 （0.944）	0.129 （0.960）	0.130 （0.928）	0.131 （0.936）
LR	−0.010 （−0.068）	−0.017 （−0.509）	−0.014 （−0.441）	0.001 （0.031）
GDPr	0.009 （0.581）	0.009 （0.534）	0.009 （0.538）	0.010 （0.528）
Constant	0.137 （0.068）	0.086 （0.048）	0.081 （0.041）	0.043 （0.072）
Year	控制	控制	控制	控制
Area	控制	控制	控制	控制
R^2	0.288	0.286	0.286	0.293
N	300	300	300	300

四、资产评估机构人力资本的影响

Milgrom和Robert（1990）提出信息化互补机制理论，认为组织变革、技术进步与人力资本之间构成一个互补系统，共同作用于企业经营绩效。已有实证研究表明，信息技术与高技能劳动力形成互补效应，从而加强了信息技术对于生产率的正向影响（Akerman等，2015；何小钢等，2019）。因此，信息化建设与资产评估机构运营效率之间的关系显然会受到资产评估机构人力资本的影响。具体而言：

首先，信息技术在企业运营管理过程中的应用需要员工具备很强的利用计算机系统与软件进行工作的能力。这是因为信息技术的使用给企业带来了海量的原始数据，原始数据是企业进行分析和处理的素材，有利于企业分析客户需求以开发新产品，然而数据可用性的增长通常大于企业调整资源的能力。这些原始数据由于规模巨大，需要被进一步处理分析才能够为企业所有效使用（Bresnahan，2002）。而高人力资本具备对海量数据进行处理和分析的能力，其处理信息的效益更高（Caroli等，2001），出错率更低（Scott，1981），是对信息技术的有益补充（Autor等，2003）。那么，资产评估机构的人力资本水平越高，越有利于充分利用信息化所带来的海量数据，从而提高信息化建设为资产评估机构运营效率所带来的积极影响。

其次，作为一种技能偏向型技术，信息技术能够有效地替代被计算机系统规范化、程序化和标准化的常规性任务（Routine-task），这类任务无须复杂的思考和分析，对劳动力技能的要求较低，往往由低人力资本的员工完成，从而使得高人力资本员工能在相同工作时间充分利用自身的比较优势，完成更多需要复杂思考和对认知要求更高的非常规性任务（Non-routine-task），同时还可以辅助他们提高自身的工作效率（Autor和Dorn，2013）。因此，资产评估机构中具有更高水平人力资本的员工可以充分利用信息化系统和智能化设备，高效完成需要进行复杂思考和分析的评估工作，提高资产评估工作质量和效率。那么信息化建设与资产评估机构运营效率的正向关系在资产评估机构人力资本水平高时更为明显。

　　最后，信息化建设在降低交易成本的过程中给资产评估机构带来了业务流程和工作组织的变化，间接增加了对资产评估机构人力资本的要求。原因在于：其一，自动化机器和程序化流程等信息技术的应用需要资产评估机构的劳动力能够利用信息技术所提供的新的业务流程，这些新的业务流程需要劳动者具有更强的分析与解决问题的能力。已有研究发现，员工的教育程度越高，其专业能力与解决问题的能力越强（Lazear，1998），有助于提高企业的生产力（Brocheler 等，2004）。其二，工作组织的变化提高了对资产评估机构员工人际交往、管理技能、自主性和判断力等能力的要求。而高人力资本的员工更擅长沟通，有助于降低信息重复的风险（Zammuto 和 Oconnor，1992）。综上所述，本章认为信息化建设与资产评估机构运营效率之间的正向关系在资产评估机构人力资本水平高时更为显著。

　　基于此，本章借鉴郭弘卿（2011）对于会计师事务所对于员工教育水平的计算方法，资产评估机构员工教育水平（Edu_H）=（博士人数 ×23+硕士人数 ×18+本科人数 ×16+专科人数 ×14+高中（职）人数 ×12+其他学历 ×9）÷年底从业员工人数，在模型（4–1）中加入资产评估机构员工学历水平（Edu_H）及其与信息化建设支出（IT）以及三类信息化分项支出（$IT1$、$IT2$、$IT3$）的交乘项，以检验资产评估机构员工人力资本水平对信息化建设水平与资产评估机构的运营效率关系的影响，回归结果列示在表4–15。结果发现，Edu_H 和 IT、$IT1$、$IT2$、$IT3$ 的交乘项系数分别在5%、5%、5%、10%的置信水平上显著为正，这说明资产评估机构员工的教育水平越高，资产评估机构中信息化建设支出及硬件和软件支出、技术开发和技术培训支出两类分项支出对资产评估机构运营效率的正向影响更强。以上实证结果表明，资产评估机构员工的人力资本水平越高，越有利于促进信息化建设提升资产评估机构运营效率的正向作用。

表4-15　资产评估机构员工人力资本的影响

变量	（1）	（2）	（3）	（4）
	Crste	Crste	Crste	Crste
Edu_H*IT	0.001** （2.567）			
IT	−0.004 （−0.738）			
Edu_H*IT1		0.003** （2.535）		
IT1		−0.012 （0.154）		
Edu_H*IT2			0.001** （2.289）	
IT2			−0.017 （−0.559）	
Edu_H*IT3				0.012* （1.790）
IT3				−0.061 （−0.423）
Edu_H	0.004** （2.225）	0.010*** （2.655）	0.009** （2.195）	0.056** （2.256）
Asset	0.056 （1.532）	0.056* （1.820）	0.057* （1.931）	0.156* （1.741）
LEV	−0.171*** （−3.747）	−0.165*** （−3.148）	−0.166*** （−3.934）	−0.458*** （−3.494）
ROA	0.468 （1.539）	0.471 （1.496）	0.474 （1.434）	−0.236 （−1.439）
SG	−0.238*** （−5.434）	−0.239*** （−5.693）	−0.240*** （−5.237）	−0.127*** （−4.048）
BusiCon	0.126 （0.934）	0.126 （0.920）	0.127 （0.942）	0.013 （0.248）
LR	−0.017 （−0.424）	−0.014 （−0.263）	−0.013 （−0.248）	−0.011 （−0.232）
GDPr	0.011 （0.663）	0.011 （0.643）	0.011 （0.458）	1.537 （0.228）

变量	（1）	（2）	（3）	（4）
	Crste	Crste	Crste	Crste
Constant	−0.484 （−0.393）	−1.487 （−0.232）	−1.514 （−0.027）	−0.056 （−0.056）
Year	控制	控制	控制	控制
Area	控制	控制	控制	控制
R2	0.300	0.300	0.301	0.302
N	300	300	300	300

第六节　本章小结

在我国进入转变发展方式、优化经济结构、转换增长动力的关键时期，资产评估行业面临传统要素优势下降和国际竞争加剧的双重压力，研究如何提高资产评估机构的运营效率对于资产评估行业合理配置资源，提高执业质量，促进人才和机构成长，提升行业水平和公信力具有重要意义。然而，还未有从金融中介机构视角切入，探讨信息技术对资产评估机构运营效率影响的研究。本章利用2014—2018年资产评估机构层面的数据，研究了信息化建设与资产评估机构运营效率的相关关系。结果发现：首先，信息化建设与资产评估机构运营效率显著正相关，且硬件和软件支出、技术开发和技术培训支出、其他信息化支出都对评估机构人均业务收入有显著提升作用，这说明资产评估机构的信息化建设有助于提升运营效率，且不同类别的信息化建设支出均在一定程度上发挥了作用。以上结论在通过替换解释变量、控制机构固定效应以及倾向得分匹配法等一系列稳健性检验后依然成立。进一步分析发现，在空气污染严重、评估机构员工教育水平高、业务增长机会多、机构规模较大时信息化建设对资产评估机构运营效率的提升作用更强。

本章的结论丰富了信息技术与资产评估领域的有关研究，并且具有较强的现实意义和政策意义。我们证明了信息化建设对提升资产评估机构的运营效率具有重要作用，肯定了资产评估行业加快与信息技术融合，向数字化、网络化、智能化方向转型升级的政策意义，也为资产评估行业如何进一步以信息化引领和开创行业发展新局面提供了启示。

第五章

信息化建设与资产评估行业发展：
资产评估机构市场业绩视角

第一节　引　言

　　企业的盈利能力是指企业赚取利润的能力。利润是投资者取得投资收益、债权人收取本息的资金来源，是经营者经营业绩和管理效能的集中表现，也是企业在激烈的市场竞争中持续经营的重要保障。市场业绩是企业通过销售产品、提供服务实现的业务收入，是企业盈利的起点（Huselid，2001）。对于资产评机构而言，通过提供评估或其他相关服务所获取的业务收入，是其实现盈利和发展壮大的前提。中国资产评估行业发展报告（2019）统计数据显示，资产产评估行业在2019年实现业务收入总额约220.12亿元，较上年增加约38.86亿元，增长约21.44%。然而，虽然资产评估行业在近年来发展迅速，但是在行业业务收入规模上与注册会计师行业相比还存在很大的差距。研究如何提高资产评估机构市场业绩，对于资产评估行业实现发展壮大至关重要。

　　伴随着企业对信息技术（IT）的投资规模不断扩大，关于IT的商业价值（Business Value of Information Technology）的讨论，即信息化投资是否以及如何有助于提高企业的竞争优势和盈利能力也成为众多学者们所关注的议题（Carr，2003）。虽然已有大量文献对信息技术与企业绩效之间的关系进行研究，然而并未得出一致结论（Kohi和Grover，2008）。早期研究发现，IT投资对企业盈利能力具有负面影响或者没有影响（Hitt和Brynjolfsson，1996；Rai等，1997），这被称之为IT投资的"盈利悖论"（Dedrick等，2003）。近年来，部分学者发现IT投资可以促使企业增加收入和降低成本（Sambamurthy等，2003），从而有利于实现企业盈利能力的提升。这些学者认为研究结论与以往不一致的原因在于：首先，虽然Hitt和Brynjolfsson（1996）认为企业的信息化建设提高了生产力，导致其产品价格下降，从而无法实现盈利能力的提升。然而，如果企业能够通过信息化建设增加客户转换成本或者提供更好的服务，那么信息化建设就可能通过提高客户满意度，实现企业盈利（Grover和Ramanlal，1999）。其次，早期研究主要基于"网络"计算时代到来之前的IT投资数据（Hitt和Brynjolfsson，1996；Rai等，1997），那么未能发现信息化投资对盈利能力的影响可能源于前互联网时代的局限性，这种局限性导致企业信息化建设无法实现基于开放标准系统的海量连接和集成。而近年来企业大多实现了应用程序的集成化（如企业资源规划系统、客户关系管理系统、供应链管理系统等）以及IT外包和离岸服务（Han等，2011）。那么，在当前的"网络"计算时代，信息化建设可能可以为企业创造更多的价值。最后，早期研究的样本数据较少且大多使用横截面分析（Rai等，1997）。Dedrick等（2003）认为，数据样本和建模技术可能会影响IT投资与企业盈利能力之间的统计显著性。Kohi和Devaraj（2003）基于Meta的分析也发现，样本规模和建模技术是导致上述研究结论不一致的重要原因。因此，更丰富的样本数据和改进的估计方法可能会更好地检验信息化投资与企业盈利能力之间的关系。

基于此，本章拟从市场业绩出发，以2014—2018年资产评估机构层面的数据为样本，实证分析信息化建设对资产评估机构市场业绩的影响。研究发现：资产评估机构信息化支出与市场业绩显著正相关，且硬件和软件支出、技术开发和技术培训支出、其他信息化支出都对资产评估机构人均业务收入有显著提升作用，这说明资产评估机构信息化建设有助于提升市场业绩，且不同类别的信息化建设支出均在一定程度上发挥了作用；在解决内生性问题和一系列稳健性检验后，以上研究结论依然成立；进一步分析发现，资产评估地区市场化程度高、评估机构人力资本水平高、地区社会信任状况好、地区信息基础设施建设完善时，资产评估机构信息化建设水平对市场业绩的提升作用更强。因此，信息化建设成为推动资产评估行业发展壮大的有效驱动力。

第二节　理论分析与研究假设

现有大量基于企业资源基础理论的研究发现，信息化建设可以提高企业的盈利能力（Grover等，2009；Nevo和Wade，2010）。原因在于：首先，Aral等（2006）提出的良性循环理论指出，进行信息化建设的企业在第一阶段获得收益后，会在第二阶段继续加大对信息技术的投资。那么随着时间的推进，信息化建设对企业带来的积极影响也将逐渐增强，这将促使企业在此基础上继续对信息技术进行投资，使得企业拥有并保持相比其竞争对手更加积极主动的数字化战略优势。同时，在企业的信息化建设过程中，企业对信息技术的投资越大，企业将会有越多的机会从中积累信息化建设的经验和教训，并相应地改善其信息化管理能力，从而提高企业的盈利能力（Mithas等，2005）。其次，Grover和Ramanal（1999）提出的学习理论指出，企业多年来对信息技术的持续投资和管理这些信息系统的经验可以提高企业学习利用信息的能力和组织管理其他事务的能力。Coateshe和Medermott（2002）也认同信息技术对于实现企业竞争优势的重要性，认为企业通过学习信息技术获得的复杂技能构成了企业能力的基础。已有研究发现企业已经学会如何通过利用信息技术提高客户满意度（Fornell等，2009）、客户忠诚度（Fornell等，2006）、交叉销售（Grover和Ramanal，1999）以及降低市场营销和销售成本（Mithas和Jones，2007），从而实现企业的盈利能力的提升。最后，虽然企业通过信息化建设降低成本提高企业运营效率所带来的的效率收益会随着时间推移而逐渐耗尽（Kohli，2007）。然而，企业的信息化建设可以通过提供差异化服务，实现企业创收，进而增加企业的盈利能力（杨德明和刘泳文，2018）。

基于此，本章认为信息化建设可能通过提高资产评估机构的收入和降低成本这两方面增加资产评估机构的市场业绩。具体而言：

一方面，信息化建设可以提高资产评估机构的收入。原因在于：首先，信息化建设有利于资产评估机构创造新的价值主张，不断满足客户的新需求，为客户提供新产品和新服务。已有研究表明，信息化建设有助于企业更好地理解客户未满足和不断变化的需求，并及时做出响应，并且通过捕捉和利用这些信息，提高企业的产品设计、需求预测、产品制造、交付以及交叉销售的能力（Weill和Aral，2006）。那么，资产评估机构的信息化系统，如其供应链系统，可以增强资产评估机构对于客户需求的理解，进而提高其提供评估服务的差异化，增加了评估机构的市场份额。并通过提升对客户需求的响应，提高评估机构的市场营销效率（Ansari和Mela，2003），从而有利于增加资产评估机构的收入。其次，信息化建设有利于资产评估机构开发新的营销和销售渠道，提高客户对企业产品和服务的认识。Babakus等（2004）的研究发现，企业的信息化渠道不仅能够提高现有客户对于其产品和服务的认识，而且还能够吸引新的潜在客户，增加企业的收入。那么对于资产评估机构而言，信息化建设可以促使其通过各种信息化渠道（如使用电子邮件，运营微信公众号，设立官方网站，自行开发数据库平台等）加强对评估机构自身的宣传，从而有利于维持其原有客户并获取潜在客户，增加其业务数量，有助于提升资产评估机构的收入。最后，信息化建设有利于提高资产评估机构的客户满意度。具体而言：其一，对于资产评估机构而言，信息化技术能够克服资产评估中很大程度上依赖评估人员的个人水平和经验的不足，减少手工处理信息过程中易于出现的错误。资产评估师利用信息技术能够对资产评估过程中的参数进行更精确地预测，准确识别出影响行业发展的主要因素，然后逐一模拟、测试、分析这些因素的影响，以综合评判每个企业资产状况和运营风险，从而保证评估质量，提高客户满意度。其二，信息化建设有助于资产评估机构开展评估专业人员继续教育活动。资产评估专业人员可通过网上知识中心、网络培训课程等优质的在线教育平台，持续更新评估知识体系，掌握最前沿的评估技术，提升专业素质与执业水平，从而提高客户的满意度。其三，信息化建设有利于改进资产评估机构客户的生命周期管理。客户生命周期管理管理的完善有利于提高客户挽留率，增加客户知识和客户满意度

（Bardhan，2007）。那么客户满意度的提升可以培养客户的忠诚度，进而增加客户的支付意愿（Homburg等，2002），从而提高资产评估机构的收入。因此，信息化建设可以通过为资产评估机构客户提供新产品和新服务、开发新的营销和销售渠道以及提高客户满意度，提高资产评估机构的收入，从而有利于资产评估机构市场业绩的提升。

另一方面，信息化建设可以降低资产评估机构的成本。原因在于：首先，信息化建设有利于资产评估机构降低运营成本。已有研究发现企业信息化建设有利于提高企业生产率，降低库存，缩短生产周期，降低企业的总体运营成本（Banker等2006）。Ilbebrand等（2010）的研究指出，信息化建设可以通过精益管理业务流程提高企业内部运营效率，实施协作预测与计划，减少供应链中的牛鞭效应，同时还可以促进供应链中的各个环节实现数据共享。而精确的信息共享可以降低交易成本，有利于企业各机构、各部门、各员工之间进行随时随地沟通和协作，降低企业的运营成本（Whitaker等，2011）。其次，信息化建设有利于资产评估机构降低管理成本。其一，行业数据库等信息化共享平台有助于降低资产评估机构和评估专业人员的信息获取成本。信息化系统可以实现销售和相关交易的自动化，使得信息和数据能够做到动态收集和动态处理，免去手工办理的多个步骤（Zhu和Kraemer，2002），因此智能化的评估作业平台有助于评估人员高效地完成复杂的数据处理，提高了工作效率。其二，信息化的工作方式可以使得客户通过信息化系统自行获取相关支持和服务（Meuter等，2000），有利于促进企业的销售和相关交易，从而大大降低了管理和服务的成本。通过信息化的内部办公管理系统，评估团队不仅可实现即时信息共享，节约了劳动力之间的交流时间，有助于企业员工高效分工合作，降低企业通讯和协调成本。其三，企业的信息化支出越多，越可能打造高质量的信息化平台（曾昌礼等，2018）。高质量的信息化平台提高了管理效率，降低了员工和客户支持成本，有利于精简机构与人员，降低企业的劳动力成本，提高劳动生产率（Kohli，2007），这也使得企业可以利用节约的时间进一步优化和降低其管理成本。最后，信息化建设有利于资产评估机构降低获取客户和营销活动的营销成本。Ansari和Mela（2003）指出，基于互联网的应用程序、网站、点击流数据（Click Stream Data）的可得性会降低企业寻找客户、维护客户以及整合与客户相关信息资源的成本。那么，对于资产评估机构而言，其通过电子邮件、官方网站、微信公众号等信息化媒介发布信息、搜寻客户相关信息的成本将远远低于其通过传统广告渠道（如电视广告、直接面对面）进行营销的成本。因此，信息化建设可以通过降低资产评估机构的运营成本、管理成本以及营销成本，降低资产评估机构的整体成本，从而有利于资产评估机构市场业绩的提升。

虽然有学者认为，企业通过信息化建设提高收入、降低成本所带来的收益提升可能会随着竞争对手对其进行模仿复制而逐渐消失，加剧市场竞争，从而无法实现企业盈利能力提高（Rai等，1997）。然而企业的资源基础理论指出，信息技术的社会复杂性、竞争壁垒、路径依赖性、组织学习特性，是信息化资源可以为企业创造和维持竞争优势进而实现企业盈利能力的提升的四个决定性因素（Piccoli和Ves，2005）。具体而言：

首先，信息技术可以通过社会复杂性增加企业的竞争优势（Barney，1991）。一方面，信息技术可以在客户和组织之间创造联结，并且渗透到业务流程和客户资源生命周期管理之中，重新配置企业的业务流程（Wilson，2007），从而提高企业的收入（Bennett，2009）。另一方面，信息技术具有很高的社会复杂性，可以通过增进关系的广度和深度，实现不同个人、组织单位和企业之间的整合，进而降低企业的成本（Ackermann，2010）。

其次，信息技术可以为企业竞争优势形成壁垒。一方面，企业的信息化资源，如客户资源数据库和交易数据库，具有专业性和特殊性，因此这种不同组合的企业信息化资源难以被其他竞争者模仿。此外，企业信息化资源和组织资源具有互补性，可以形成竞争壁垒，从而有利于提高企业的收入。另一方面，企业的信息化资源，如供应链系统，可以促使企业形成竞争壁垒，从而降低企业的成本（Baker，2005）。

最后，信息技术可以通过路径依赖为企业创造竞争优势（Eisenhardt和Martin，2000；Teece等，1997）。一方面，企业信息化资源具有路径依赖性。例如企业所拥有的历史客户数据、信息存储数据以及信息基础设施等信息化资源，这些资源在积累的过程中可以形成其他竞争对手难以模仿的障碍。另一方面，企业早期的信息化建设有利于为企业创造未来的盈利机会，而这些机会往往是其竞争对手难以模仿的（Bloch和Lempres，2008）。

此外，信息技术可以通过组织学习维持企业的竞争优势。一方面，企业的信息化建设有利于促进信息共享和知识共享（Malhotra等，2005），这有利于组织学习，使得企业通过学习客户知识和交叉销售实现收入的提高（Dyer和Hatch 2006）。另一方面，企业信息化建设有利于组织对业务流程进行复制式学习，从而降低企业成本（King，2008）。

那么对于资产评估机构而言，信息化建设提高资产评估机构收入和降低成本的过程具有社会复杂性、组织学习和路径依赖性，有利于提高竞争力，从而实现市场业绩的提升。具体而言：从收入方面来看，信息化建设有利于提高资产评估机构利用信息技术的能力和对信息化建设项目的管理水平。企业的信息化建设往往需要重新配置企业的业务流程，由于涉及多个利益相关者之间的整合，因此具有很高的社会复杂性（Wilson，2007），这将使得企业的信息化建设具有组织学习和路径依赖的特性，不利于竞争对手对其进行模仿和学习，从而有助于企业拥有独特的竞争优势。信息化建设（如信息化平台）使得资产评估机构在后端完成复杂的操作任务的同时也在前端为其客户提供了友好的用户反馈界面，这种面向客户的信息化平台和内置的反馈机制有利于资产评估机构不断地进行组织学习，深化客户关系，改进业务流程，扩大市场份额。随着资产评估机构的信息化建设逐渐深化，信息化建设水平高的资产评估机构将逐渐具备相对于其他资产评估机构不可模仿的竞争优势，这种竞争优势将进一步转化为其显著提升的收入，从而有利于实现资产评估机构市场业绩的提升。从成本方面来看，信息化建设通过集成多个系统降低成本的过程具有社会复杂性，而且需要企业通过进行大量的组织学习才得以在整个组织中复制降低成本的流程，从而有效减少企业的运营成本、管理成本以及营销成本，这将有利于提高资产评估机构的市场业绩。综上所述，本章提出以下假设。

研究假说H1：信息化建设水平与资产评估机构市场业绩正相关。

第三节　研究设计

一、样本选择与数据来源

本章以2014—2018年69家证券业资产评估机构层面数据为研究样本。之所以选择证券业资产评估机构作为研究样本，原因在于尽管目前中国有4000多家资产评估机构，但是大多数规模较小，而这69家证券业资产评估机构规模较大，拥有的资产评估师和占领的资产评估市场的份额也较多，地域分布也与我国当前的经济发展的区域分布相一致。因此，我们认为这69家资产评估机构可以代表目前中国资产评估行业的真实状况。资产评估机构层面的数据来源于中国资产评估协会网站，通过手工整理形成。资产评估的信息化建设数据和人力资本数据来源于2019年中国资产评估协会对69家证券业资产评估机构2014—2018年行业发展情况所进行的问卷调查。调查共发放问卷69份，收回有效问卷62份，问卷回复率为89.86%。为了使各年数据之间具有可比性，我们进一步在样本中剔除了2家[①]不属于在2014—2018年期间均为证券业资产评估机构，最终得到300个观测值。为弱化异常值的影响，本章对模型中的所有连续变量在1%和99%的水平上进行了缩尾处理。

二、实证模型

为检验评估机构信息化水平对资产评估机构市场业绩的影响，本章采用如下模型进行实证分析：

$$Return=\beta_0+\beta_1 IT+\beta_2 Asset+\beta_3 Leverage+\beta_4 CPVg+\beta_5 BusiCon+\beta_6 Top \\ +\beta_7 GDP+\beta_8 HHI+\delta Year+\gamma Area+\varepsilon \tag{5-1}$$

[①] 新疆华盛资产评估与不动产估价有限公司于2017年取得证券评估资格、深圳市鹏信资产评估土地房地产估价有限公司于2016年取得证券评估资格。

其中被解释变量 $Return$ 为市场业绩。等式右边的主要解释变量 IT 表示信息化建设水平。若 β_1 为正，则说明信息化建设水平的提升有助于提升资产评估机构市场业绩。同时还增加了一些控制变量，以加大模型的解释力度。具体定义见后文。

三、变量设计

（一）资产评估机构市场业绩

资产评估机构的市场业绩（$Return$）是本章的核心自变量，我们利用资产评估机构的业务收入除以评估师人数予以标准化再取自然对数来衡量。

（二）信息化建设水平

本章以资产评估机构当年信息化建设支出占业务收入百分比衡量评估机构每年的信息化水平。由于信息化支出占比较小，为便于观测回归系数，我们在实证分析中将该指标扩大100倍代入计量模型。由于不同类别的信息化支出用途可能存在差异，对资产评估机构市场业绩的影响也可能不同。本章根据信息化建设的细分内容，进一步研究硬件和软件支出（$IT1$）、技术开发和技术培训支出（$IT2$）和其他信息化支出（$IT3$）这三类分项支出对资产评估机构市场业绩的影响。

（三）控制变量

本章借鉴李江涛和严文龙（2018）的研究成果，在模型中控制可能影响市场业绩的其他变量，包括评估机构规模（$Asset$）、专业化程度（$CPVg$）、业务集中度（$BusiCon$）、宏观经济景气程度（$Prosper$）、行业集中度（HHI）。评估机构声誉（Top），并区分不同城市、年度的地区效应和时间效应。各变量的具体界定详见表5-1。

表5-1　主要变量名及其含义

变量类型	变量符号	变量名称	变量定义
被解释变量	*Return*	市场业绩	资产评估机构的业务收入除以评估师人数的自然对数
解释变量	*IT*	信息化建设水平	信息化建设支出/业务收入
	IT1	硬件和软件支出	硬件和软件支出/业务收入
	IT2	技术开发和技术培训	技术开发和技术培训支出/业务收入
	IT3	其他信息化	其他信息化支出/业务收入
控制变量	*Asset*	评估机构规模	资产评估机构年末总资产的自然对数
	Leverage	机构资产负债率	资产评估机构年末负债总额/年末总资产
	CPVg	专业化程度	资产评估师人数/员工人数
	BusiCon	业务集中度	评估收入/资产评估机构业务收入总额
	Top	评估机构声誉	资产评估机构排名为前10时取值为1，否则为0
	GDPr	地区经济规模	资产评估机构所在地区人均GDP增长率
	HHI	地区行业集中度	资产评估机构行业市场份额的平方和
	Year	年度	年度虚拟变量
	Area	地区	地区虚拟变量

第四节　实证检验结果与分析

一、描述性统计

表5-2中报告了模型（5-1）中主要变量的描述性统计结果。评估机构信息化水平（*IT*）最大值为14.184，最小值为0.109，标准差约为3.248，样本之间异质性较明显，便于从机构层面研究信息化水平对人力资本结构升级的影响。三类信息化分项支出中，硬件和软件支出（*IT1*）和技术开发和技术培训支出（*IT2*）占比较大，均值分别为0.991和3.012，其他信息化支出（*IT3*）占比相对较小，均值为0.870。其他变量的描述性统计结果均在合理范围内。

表 5-2 主要变量的描述性统计

变量名	样本量	均值	中位数	标准差	最小值	最大值
Return	300	12.952	12.949	0.785	10.777	15.580
IT	300	4.877	4.097	3.248	0.109	14.184
IT1	300	0.991	0.816	0.664	0.022	2.803
IT2	300	3.012	2.515	1.996	0.068	8.404
IT3	300	0.870	0.702	0.665	0.018	3.336
Asset	300	3.012	2.515	1.996	0.068	8.404
Leverage	300	0.654	0.681	0.183	0.182	0.929
CPVg	300	0.550	0.560	0.069	0.317	0.675
BusiCon	300	0.905	0.995	0.270	0.017	3.095
Top	300	0.167	0.000	0.373	0.000	1.000
GDPr	300	1.080	1.086	0.022	1.002	1.123
HHI	300	0.264	0.089	0.273	0.069	1.000

二、相关性分析

表5-3为主要变量的Pearson相关系数表，由此表可知，*IT*与*Return*在1%的水平显著正相关，相关系数为0.356，这说明评估机构信息化建设水平越高，越有助于促使资产评估机构市场业绩的提升，初步支持了研究假设H1。此外，我们也发现大部分的控制变量与*Return*的相关系数在1%的置信水平显著，这说明本章的控制变量的选取具有一定的代表性。最后，解释变量之间的相关系数较小，不存在严重的多重共线性问题。

表 5-3 主要变量的相关性系数表

变量		（1）	（2）	（3）	（4）	（5）	（6）	（7）	（8）	（9）
		Return	IT	Asset	Leverage	CPVg	BusiCon	Prosper	HHI	TOP
（1）	Return	1.000								
（2）	IT	**0.356**	1.000							
（3）	Asset	**0.470**	**0.267**	1.000						

续表

变量	（1）	（2）	（3）	（4）	（5）	（6）	（7）	（8）	（9）
	Return	*IT*	*Asset*	*Leverage*	*CPVg*	*BusiCon*	*Prosper*	*HHI*	*TOP*
（4）*Leverage*	−0.014	−0.005	−0.050	1.000					
（5）*CPVg*	0.002	**0.131**	**−0.169**	−0.008	1.00				
（6）*BusiCon*	**−0.198**	−0.005	**−0.114**	0.065	0.084	1.00			
（7）*Top*	**0.327**	**0.244**	**−0.540**	−0.056	−0.087	0.002	1.00		
（8）*GDPr*	**0.155**	**0.121**	0.142	0.080	−0.030	0.094	0.045	1.00	
（9）*HHI*	−0.076	**−0.331**	0.011	−0.025	0.026	0.006	**−0.232**	−0.073	1.000

注：加粗数字表示在1%水平显著。

三、研究假说的实证检验

本章使用模型（5-1）对信息化建设水平与资产评估机构市场业绩之间的关系进行了实证分析，所得结果列示在表5-4。由列（1）我们发现，信息化建设可以提高资产评估机构的市场业绩，表现*IT*的回归系数在5%的置信水平显著为正，支持了本章的研究假设H1。

第（2）–（4）列进一步列示了硬件和软件支出（*IT*1）、技术开发和技术培训支出（*IT*2）和其他信息化支出（*IT*3）这三类分项信息化建设支出对资产评估机构市场业绩的回归结果，我们发现回归系数在5%的置信水平上均显著为正，这表明三类信息化分项支出均能在一定程度上提升资产评估机构的市场业绩。上述实证结果支持了本章的研究假设H1，信息化建设确实可以给资产评估机构带来显著的竞争优势，有助于提高资产评估机构的市场业绩。

表5-4　信息化建设与资产评估机构市场业绩

变量	（1）	（2）	（3）	（4）
	Return	*Return*	*Return*	*Return*
IT	0.039** （2.324）			
IT1		0.199** （2.457）		

续表

变量	（1）	（2）	（3）	（4）
	Return	Return	Return	Return
IT2			0.064**	
			（2.305）	
IT3				0.152**
				（2.069）
Asset	0.427***	0.425***	0.429***	0.435***
	（5.638）	（5.631）	（5.700）	（5.831）
Leverage	0.059	0.062	0.065	0.045
	（0.217）	（0.220）	（0.237）	（0.169）
CPVg	1.281*	1.274*	1.285*	1.372**
	（1.874）	（1.824）	（1.878）	（1.984）
BusiCon	−0.407*	−0.407*	−0.405*	−0.410*
	（−1.878）	（−1.712）	（−1.700）	（−1.733）
Top	0.378*	0.382*	0.375*	0.379*
	（1.776）	（1.798）	（1.795）	（1.828）
GDPr	0.044	0.044	0.044	0.046
	（1.519）	（1.511）	（1.566）	（1.552）
HHI	0.405	0.409	0.400	0.360
	（1.568）	（1.529）	（1.552）	（1.367）
Constant	0.068	0.079	0.040	−0.076
	（0.028）	（0.028）	（0.019）	（−0.072）
Year	控制	控制	控制	控制
Area	控制	控制	控制	控制
R^2	0.552	0.554	0.552	0.544
N	300	300	300	300

注：括号内为t值，***、**和*分别代表在1%、5%和10%的水平下显著。下同。

四、稳健性检验

（一）替换主要解释变量

本章采用通过手工收集的资产评估机构是否有独立网站（Website）和微

信公众号（*WeChat*）设置二元虚拟变量，以之替换信息化建设的衡量指标*IT*。使用*Website*和*WeChat*分别对模型（5-1）回归，结果列示在表5-5。实证结果表明，*Website*和*WeChat*的回归系数分别在5%和10%的置信水平上显著为正，支持了本章的研究假设H1。

表5-5　替换主要解释变量

变量	（1）	（2）
	Return	*Return*
Website	0.218** （2.563）	
WeChat		0.121* （1.691）
Asset	0.450*** （9.273）	0.455*** （9.230）
Leverage	0.152 （0.856）	0.134 （0.767）
CPVg	2.017*** （4.112）	1.483*** （3.147）
BusiCon	−0.443*** （−3.614）	−0.413*** （−3.778）
Top	0.339*** （2.853）	0.359*** （2.959）
GDPr	0.046** （2.271）	0.046 （1.590）
HHI	0.191 （1.083）	−0.089 （−0.710）
Constant	−0.939 （−0.416）	2.074 （1.181）
Year	控制	控制
Area	控制	控制
R^2	0.542	0.535
N	300	300

（二）控制评估机构固定效应

为缓解资产评估机构层面不随时间改变（如评估机构文化）的遗漏变量对原模型估计结果的影响，本章使用控制了资产评估机构固定效应的模型（5-1）进行回归，结果列示在表5-6。实证结果表明，除第（4）列 *IT3* 的回归系数为正但不显著之外，其他信息化建设变量 *IT*、*IT1* 和 *IT2* 的回归系数在5%的置信水平上显著为正，支持了本章的研究假设H1。

表5-6　控制评估机构固定效应

变量	（1）Return	（2）Return	（3）Return	（4）Return
IT	0.023**（2.093）			
IT1		0.129**（2.381）		
IT2			0.038**（2.118）	
IT3				0.057（1.182）
Asset	0.513***（5.479）	0.520***（5.559）	0.517***（5.513）	0.489***（5.240）
Leverage	−0.069（−0.261）	−0.060（−0.228）	−0.053（−0.200）	−0.060（−0.223）
CPVg	7.672***（9.943）	7.676***（9.976）	7.658***（9.926）	7.691***（9.903）
BusiCon	−0.527***（−4.335）	−0.521***（−4.300）	−0.524***（−4.309）	−0.542***（−4.448）
Top	−0.033（−0.169）	−0.019（−0.077）	−0.033（−0.170）	−0.063（−0.323）
GDPr	−0.019（−1.145）	−0.019（−1.142）	−0.019（−1.141）	−0.018（−1.099）
HHI	−3.544***（−2.620）	−3.607***（−2.677）	−3.590***（−2.657）	−3.526**（−2.579）

续表

变量	（1）	（2）	（3）	（4）
	Return	*Return*	*Return*	*Return*
Constant	3.116 （1.212）	2.968 （1.157）	3.037 （1.181）	3.497 （1.355）
Year	控制	控制	控制	控制
Agent	控制	控制	控制	控制
R2	0.480	0.483	0.481	0.474
N	300	300	300	300

（三）自选择问题的处理

市场业绩较好的资产评估机构可能倾向于选择进行信息化建设，以促进资产评估机构市场业绩的进一步提升。为了避免此类内生性问题的影响，本章采用Heckman两阶段回归进行稳健性检验。在第一阶段中，设立一个评估机构信息化建设水平高低概率的模型。根据资产评估机构信息化建设支出（*IT*）中位数分别设置虚拟变量（*IT_H*）作为因变量，使用与模型（5-1）相同的控制变量，同时将评估机构所在省份当年其他机构的信息化建设总支出均值（*IT_M*）作为信息化建设的排他性变量，我们在第一阶段采用Probit进行回归，从而计算出逆米尔斯比率（*IMR*），将其代入模型（5-1）中进行第二阶段回归。

表5-7的Panel A列示了第一阶段回归结果，从中可看出评估机构所在省份当年其他机构的信息化建设总支出均值（*IT_M*）越高，资产评估评估机构的信息化建设水平越高。表5-7的Panel B列示了第二阶段回归结果，*IMR*的系数显著为负，说明原样本存在自选择问题。结果表明，在控制高信息化水平组的样本选择偏差后，信息化建设水平越高，资产评估机构的市场业绩越高，表现为*IT*的回归系数在5%的置信水平上显著为正，支持了本章的研究假设H1。

表5-7 自选择问题的处理

Panel A：Heckman第一阶段Probit回归			
	IT_H		*IT_H*
IT_M	0.563***	*HHI*	0.708
	（4.50）		（1.58）
Asset	0.327**	Constant	−16.022
	（2.46）		（−1.63）
Leverage	−1.019*	*Year*	控制
	（−1.82）	*Area*	控制
CPVg	1.698	*Pseudo R²*	0.208
	（1.37）	*N*	300
BusiCon	−0.062		
	（0.69）		
Top	−0.013		
	（−0.04）		
GDPr	0.062		
	（0.69）		
Panel B：Heckman第二阶段Probit回归			
	Return		*Return*
IT	0.034**	*HHI*	0.380*
	（2.095）		（1.830）
Asset	0.408***	IMR_i	−0.071**
	（5.390）		（−1.994）
Leverage	−0.084	Constant	1.968
	（−0.483）		（1.598）
CPVg	1.134**	*Year*	控制
	（2.418）	*Area*	控制
BusiCon	−0.422***	R^2	0.546
	（−3.494）	*N*	300
Top	0.384**		
	（2.275）		
GDPr	0.031		
	（1.572）		

（四）滞后效应

由于信息化建设提高资产评估机构市场业绩的效果可能存在滞后效应，我们进一步分析了滞后1—3期的信息化建设支出对资产评估机构市场业绩的影响。实证结果列示在表5—8的列（1）—（3）。结果表明，IT 的回归系数分别在1%、5%、5%的置信水平上显著为正，支持了本章的研究假设H1。

表5—8 其他稳健性检验

变量	（1）	（2）	（3）
	Return	Return	Return
IT_{t-1}	0.046***		
	（2.787）		
IT_{t-2}		0.040**	
		（2.233）	
IT_{t-3}			0.049**
			（2.134）
Asset	0.408***	0.391***	0.409***
	（5.026）	（5.880）	（5.168）
Leverage	0.099	0.249	0.316
	（0.325）	（0.834）	（0.987）
CPVg	0.885	0.043	−0.201
	（1.235）	（0.534）	（−0.186）
BusiCon	−0.550*	−0.464*	−0.464
	（−1.768）	（−1.655）	（−1.272）
Top	0.425*	0.401**	0.374*
	（1.832）	（2.243）	（1.778）
GDPr	0.044	0.053*	0.082**
	（1.408）	（1.748）	（2.175）
HHI	0.441	0.437	0.280
	（1.599）	（1.470）	（0.778）
Constant	0.929	0.352	−3.025
	（0.252）	（0.104）	（−0.725）
Year	控制	控制	控制

变量	（1）	（2）	（3）
	Return	*Return*	*Return*
Area	控制	控制	控制
R2	0.522	0.570	0.593
N	240	180	120

第五节　进一步分析

现有大量研究基于资源基础理论，认为信息技术是企业的关键资源，可以为企业带来竞争优势（Bharadwaj，2000；Caldeira 和 Ward，2003；Santhanam 和 Hartono，2003），但这能在多大程度上提升资产评估机构的市场业绩，可能取决于制度环境和与信息技术有关的其他资源。从制度环境来看，市场化程度是地区发展和企业成长的重要外部环境因素，可能通过影响资产评估机构信息技术资源的配置效率，进而影响资产评估机构能否将信息化建设资金更好地投入到市场所需要的产品和服务中。从与信息技术有关的其他有形资源来看。有形资源主要包括信息技术基础设施和具有应用信息技术能力的人力资源。无形资源主要包括知识资产、客户导向和协同效应。基于互补理论，这些与信息技术有关的资源与信息技术相结合，可以提高资产评估机构信息技术的利用效率，从而有利于资产评估机构将信息化资源转化为可以实现盈利能力的竞争优势。基于此，本章通过分别考察市场化程度、社会信任、地区基础设施和评估机构员工学历水平等与信息技术相关的有形资源与无形资源对信息化建设与市场业绩之间关系的影响，以拓展我们的主要分析。

一、市场化程度的影响

随着中国的市场化改革的不断深入，中国在经济上取得的巨大成就，很大程度上源自中国改革开放的不断深入。在中国，最为明显的制度环境就是市场化程度。市场化程度越高，说明政府对企业的干预更少、法治水平更高、要素市场更加发达。然而对于地域辽阔的中国来说，各区域发展不均衡，各地区的市场化进程差异较大。那么资产评估机构信息化建设与市场业绩的正向关系，显然会受到资产评估机构所在地区市场化进程的影响。具体而言：

首先，市场化程度的提高可以促进资产评估机构信息化建设资源配置效率的提高。市场化水平的提高有助于推进资源配置效率的改善（樊纲等，2011），促使资产评估机构将有限的信息化建设资金更好地投入到市场所需要的产品和服务中，从而有利于实现资产评估机构的业绩增长。此外，信息化建设水平高的资产评估机构在获得利润后，可以继续加大信息化建设投入以不断巩固自身的技术地位，从而进一步拉开与竞争对手的差距，维护竞争优势。

其次，市场化程度的提高可以强化资产评估机构的市场竞争。Acemoglu（2002）认为市场竞争是科技进步的根本动力，其对市场化程度与科技进步偏向之间的关系进行研究发现，市场化程度对科技进步的要素偏向性具有决定作用。随着市场化程度的提高，行政垄断与地区市场分割程度不断降低，产品市场的垄断水平会逐渐下降，而行业中的企业数量会不断增加，那么资产评估机构将面临越来越激烈的市场竞争。市场竞争将为资产评估机构开展信息化建设提供动力和压力，倒逼资产评估机构通过信息化建设提高生产效率，不断地提高利用信息技术的能力和对信息化建设项目的管理水平，以获得或者维持机构在市场竞争中的有利地位和市场份额。

最后，市场化程度的提高可以为资产评估机构的信息化建设塑造有利的外部环境。Aghion等（2013）、Tebaldi和Elmslie（2008）等研究表明，制度质量如完善的产权保护、良好的商业环境和行政服务有利于前沿技术的研发和应用。由于资产评估机构的信息化建设涉及到资产评估机构对于信息化平台、专业数据和专业评估软件等信息化产品的开发，这些产品可能被其他竞争对手所模仿复制，从而降低信息化建设为资产评估机构所带来的收益。然而制度环境的改善有利于完善知识产权制度，知识产权制度界定了创新者的权利和对侵权者的惩罚，为资产评估机构的信息化建设提供更好的外部环境，有利于保持信息化建设水平更高的资产评估机构所获得的竞争优势，激励资产评估机构开展与信息化建设相关的研发活动。因此，处于市场化程度高的地区的资产评估机构受到良好外部环境的约束和规范，从而有利于资产评估机构将其信息化建设投入转化为市场业绩。

基于此，本章采用来自《中国分省市场化指数报告（2018）》提供的市场化指数代表地区市场化程度（$Market\_H$）[①]，在模型（5-1）中加入地区市场化程度（$Market\_H$）与信息化建设支出（IT）以及三类信息化分项支出（$IT1$、$IT2$、$IT3$）的交乘项，以检验地区市场化程度对信息化建设与资产评估机构市场业绩之间关系的影响。

回归结果列示在表5-9。$Market\_H$和IT、$IT1$、$IT2$、$IT3$的交乘项系数分别在5%、5%、1%、5%的置信水平上显著为正，这说明当地区市场化程度更高时，信息化建设支出及三类分项支出对评估机构市场业绩的正向影响更强。以上实证结果表明，地区市场化程度可以促进信息化建设对资产评估机构市场业绩的提升作用，当地区市场化程度高时，信息化建设对资产评估机构市场业绩的提升作用更为明显。因此，对于我国政府而言，继续推动市场化改革具有重要的现实意义，这有利于提升当前在信息化背景下资产评估行业的盈利能力，从而促进资产评估行业的持续发展。

表5-9　市场化程度的影响

变量	（1） *Return*	（2） *Return*	（3） *Return*	（4） *Return*
Market_H*IT	0.049** （2.467）			
IT	0.016 （1.085）			
Market_H*IT1		0.046** （2.530）		

① 《中国分省市场化指数报告（2018）》中只报告了1997—2016年的市场化指数，2017、2018的市场化指数参考俞红海等（2010）的方法，根据历年市场化指数的平均增长幅度推算得出。

续表

变量	（1）	（2）	（3）	（4）
	Return	Return	Return	Return
IT1		0.031		
		（1.146）		
Market_H*IT2			0.085***	
			（2.671）	
IT2			0.022	
			（0.084）	
Market_H*IT3				0.144**
				（2.141）
IT3				0.064
				（0.938）
Market_H	−0.382**	−0.384**	−0.259**	−0.233*
	（−2.425）	（−2.463）	（−2.511）	（−1.901）
Asset	0.516***	0.551***	0.521***	0.493***
	（8.348）	（3.013）	（3.363）	（3.121）
Leverage	−0.029	−0.022	−0.012	−0.018
	（−0.091）	（−0.085）	（−0.053）	（−0.076）
CPVg	7.717**	7.419**	7.696**	7.732**
	（2.349）	（2.345）	（2.387）	（2.333）
BusiCon	−0.540***	−0.504***	−0.537***	−0.556***
	（−4.054）	（−4.413）	（−4.020）	（−3.841）
Top	0.415***	0.535***	0.026***	0.056***
	（3.249）	（4.278）	（3.634）	（3.512）
GDPr	−0.017	−0.011	−0.017	−0.017
	（−1.157）	（−1.147）	（−1.555）	（−1.482）
HHI	−3.532**	−3.018**	−3.580**	−3.608**
	（−2.314）	（−2.360）	（−2.220）	（−2.248）
Constant	5.105	3.574	5.104	5.358
	（1.463）	（1.268）	（1.486）	（1.623）
Year	控制	控制	控制	控制
Area	控制	控制	控制	控制
R^2	0.484	0.487	0.487	0.477
N	300	300	300	300

二、社会信任的影响

已有研究发现，社会资本有助于获取信息和知识，促进信任和共同理解，可以促进获取和整合与信息技术投资相关的外部知识和能力，从而有利于提高企业绩效（Ahuja，2000）。因此，信息化建设与资产评估机构市场业绩的影响可能会受到地区社会信任的影响。原因主要在于以下两个方面：

一方面，社会信任有助于传递信息和知识。基于信息技术的关系是通过连接组织的协作技术实现的。例如，标准化的数据格式是集成不同技术功能，促进信息和知识跨子单元流动的一种手段。企业间各部门的数据同步可以改善实时通信，使员工能够基于一致的信息讨论问题并向客户展示实时更新的数据，提高客户满意度和增加产品销售。而信任是传递高质量信息和知识的必要条件。已有研究发现，虽然信息化设备使企业能够传递信息，但有效地利用它们进行企业间各部门的协调还需要建立关系和信任（Sawhney，2001）。

另一方面，社会信任有利于促进个人分享信息和复杂知识的学习。例如，首席信息官和首席执行官以及高层管理团队其他成员建立在信任的基础上的关系有助于实现信息技术的价值，信任增加了通过信息化设备扩大信息共享的可能性，使他们能够讨论信息技术为公司贡献价值的机会，促进了业务和技术的契合，从而有利于提高了公司绩效。

基于此，本章采用张维迎和柯荣住（2002）对不同地区社会信任水平的调查，衡量了企业感知的地区信任度（Trust），在模型（5-1）中加入地区信任度（Trust）与信息化建设水平（IT）以及三类信息化分项支出（IT1、IT2、IT3）的交互项，以检验社会信任对信息化建设水平与资产评估机构的市场业绩关系的影响。回归结果列示在表5-10，Trust 和 IT、IT1、IT2、IT3 的交乘项系数分别在1%、5%、10%、10%的置信水平上显著为正。以上实证结果表明，资产评估机构所在地区社会信任水平越高，越有利于增强信息化建设提升资产评估机构市场业绩的正向作用，符合我们的理论预期。

表5-10 社会信任的影响

变量	（1）	（2）	（3）	（4）
	Return	Return	Return	Return
Trust*IT	0.002***			
	（2.583）			
IT	0.017**			
	（1.982）			
Trust*IT1		0.010**		
		（2.179）		
IT1		0.084**		
		（2.065）		
Trust*IT2			0.003*	
			（1.721）	
IT2			0.028	
			（1.185）	
Trust*IT3				0.010*
				（1.780）
IT3				0.027
				（1.021）
Trust	0.027**	0.027**	0.027**	0.027*
	（2.262）	（2.509）	（2.414）	（1.780）
Asset	0.407***	0.406***	0.409***	0.417***
	（5.468）	（5.190）	（5.793）	（5.173）
Leverage	0.025	0.029	0.033	0.008
	（0.098）	（0.068）	（0.028）	（0.014）
CPVg	1.102*	1.103	1.106*	1.203*
	（1.703）	（1.473）	（1.722）	（1.653）
BusiCon	−0.432*	−0.431*	−0.430	−0.437
	（−1.905）	（−1.708）	（−1.625）	（−1.557）
Top	0.313*	0.318*	0.309	0.314
	（1.692）	（1.818）	（1.217）	（1.418）
GDPr	0.036	0.036	0.035	0.038
	（1.149）	（1.172）	（1.176）	（1.301）

变量	（1）	（2）	（3）	（4）
	Return	*Return*	*Return*	*Return*
HHI	1.109** （2.129）	1.109** （2.321）	1.107** （2.159）	1.030** （2.214）
Constant	0.904 （1.288）	0.892 （1.270）	0.881 （1.242）	0.528 （0.728）
Year	控制	控制	控制	控制
Area	控制	控制	控制	控制
R^2	0.581	0.581	0.581	0.571
N	300	300	300	300

三、地区信息基础设施的影响

信息基础设施是国民经济发展的重要基础，其建设发展水平已成为衡量一个国家竞争力大小的重要标志之一。从资源基础理论的角度来看，信息基础设施—种与信息技术资源互补的、潜在的共同专业化资产，与之相关的技术如大数据、云计算、移动互联网等已成为全球经济和经济竞争的焦点。信息基础设施不是传统意义上的资源，因为它不是由企业拥有和运营的，而是所有公司都可以使用的特定于国家的资产。企业将自己的信息化设备应用于电信基础设施，并将其专业化，可以增加IT业务价值（Dewan 和 Kraemer，2000）。由于我国地域辽阔，地区信息基础设施分布有很大的不同，那么资产评估机构的信息化建设是否能够发挥其竞争优势，从而获得市场业绩的提升很大程度上会受到地区信息基础设施水平的影响。具体而言：

一方面，地区信息基础设施更完善可以促进信息化资源的开发和利用。高水准的信息基础设施能够在信息基础设施内任意流通和保存动态信息，并以最佳方式把信息传递给用户的终端设备，为用户提供随时随地的信息服务（杜振华，2015）。王永进（2017）研究发现，地区基础设施可以通过提高市场信息完善程度，提高企业的产能利用率。那么资产评估机构所在地区的信息基础设施水平越高，表明该地区拥有更加完善的信息化建设相关的硬件、软件以及各种服务的配套设施，这有利于提高信息的传播效率，降低资产评估机构与客户之间的信息不对称，提高资产评估机构的交易频率。因此，即使资产评估机构的信息化程度相同，由信息化建设所带来的的市场业绩的提升也可能会有区域差异。在地区基础设施水平更高的地区，资产评估机构可以更有效地开发和利用信息化资源，进而提高信息化建设为其市场业绩带来的积极影响。

另一方面，地区信息基础设施更完善可以增加信息化资源所带来的的网络正外部性（李坤望等，2015）。地区信息基础设施可以增加信息技术和服务的可得性，降低使用成本，提高信息技术支持和服务的质量，有利于提高信息化资源的利用效率（Lee和Guo，2010）。因此，资产评估机构所在地区的信息基础设施水平越高，资产评估机构可以获得更好的信息服务，使其投入的信息化资源能够得到更好地利用，从而放大信息化建设为资产评估机构所带来的的竞争优势。那么资产评估机构的信息化建设投入越大，受到地区信息基础设施变化的影响也就越大。因此，完善的地区信息基础设施有利于提高资产评估机构对于信息化资源的利用效率，强化资产评估机构的竞争优势，尤其对信息化建设水平更高的资产评估机构表现得更为明显。

基于此，本章借鉴李坤望等（2015），采用评估机构所在地的互联网普及率作为地区信息基础设施（IT_I）的代理变量，在模型（5-1）中加入地区信息基础设施（IT_I）与信息化建设水平（IT）以及三类信息化分项支出（$IT1$、$IT2$、$IT3$）的交互项，以检验地区信息基础设施对信息化建设水平与资产评估机构的市场业绩关系的影响。回归结果列示在表5-11，IT_I和IT、$IT1$、$IT2$、$IT3$的交乘项系数分别在5%、5%、5%、10%的置信水平上显著为正，这说明地区信息基础设施水平更高时，信息化支出及硬件和软件支出、技术开发和技术培训支出两类分项支出对市场业绩的正向影响更强，说明地区基础设施水平越高，越有助于提高信息技术在资产评估机构中的利用效率，从而有利于将信息技术在资产评估机构中的应用转化为资产评估机构的竞争优势，促使资产评估机构提升市场业绩。

表5-11　地区信息基础设施的影响

变量	（1）Return	（2）Return	（3）Return	（4）Return
IT_I*IT	0.037**（1.970）			
IT	0.029*（1.897）			
IT_I*IT1		0.176**（2.064）		
IT1		0.139**（2.032）		
IT_I*IT2			0.067**（2.012）	
IT2			0.041*（1.739）	
IT_I*IT3				0.153*（1.953）
IT3				0.040（1.530）
IT_I	−0.081（−0.576）	−0.034（0.581）	−0.039（−0.663）	−0.043（−0.053）
Asset	0.483***（5.058）	0.486***（5.089）	0.486***（5.080）	0.474***（5.060）
Leverage	−0.082（−0.310）	−0.069（−0.263）	−0.062（−0.235）	−0.077（−0.468）
CPVg	1.304**（2.427）	1.349**（2.404）	1.356**（2.421）	1.432***（2.639）
BusiCon	−0.531***（−4.385）	−0.526***（−4.355）	−0.528***（−4.365）	−0.549***（−4.370）
Top	0.423***（3.489）	0.410***（3.250）	0.400***（3.459）	0.403***（3.497）
GDPr	0.024（1.436）	0.024（1.443）	0.024（1.428）	0.022（1.104）

续表

变量	（1）	（2）	（3）	（4）
	Return	Return	Return	Return
HHI	0.259 （1.465）	0.263 （1.439）	0.254 （1.443）	0.220 （1.239）
Constant	−2.557 （−0.203）	−2.719 （−0.274）	−2.519 （−0.263）	−2.122 （−0.188）
Year	控制	控制	控制	控制
Area	控制	控制	控制	控制
R^2	0.490	0.494	0.491	0.481
N	300	300	300	300

四、评估机构员工学历的影响

根据资源基础理论，企业的竞争优势来源于其独特的、别人难以复制模仿的资源。而在知识经济时代，这种资源优势主要体现在人力资本。Heckman（2003）指出，在中国企业，不同教育背景和技能水平的人拥有不同的人力资本，拥有更高人力资本的员工能够更好地理解新思想、吸收新知识、适应新技术，同时改进已有技术，是决定企业竞争成功的最重要因素。资产评估行业是典型的人力资源密集型行业，那么资产评估机构信息化建设与市场业绩的正向关系，显然会受到资产评估机构人力资本的影响。具体而言：

首先，当资产评估机构的人力资本较高时，有利于信息技术为资产评估机构的竞争优势形成壁垒。Milgrom和Robert（1990）提出信息化互补机制理论，认为组织变革、技术进步与人力资本之间构成一个互补系统，共同作用于企业绩效。已有实证研究发现，信息技术与高技能劳动力形成互补效应，从而加强了信息技术对于生产率的正向影响（Akerman等，2015；何小钢等，2019）。

其次，当资产评估机构的人力资本较高时，有利于信息技术通过社会复杂性增加资产评估机构的竞争优势。一方面，由于信息技术的应用导致企业重新配置业务流程（Wilson，2007），使得劳动者能够脱离单个的生产步骤，进行整体流程下的操作，需要劳动者具有更强的分析与解决问题的能力（Caoli和Reenen，2001）。而拥有更高人力资本的员工通常更具有专业能力与解决问题的能力（Lazear，1998）。另一方面，信息技术具有很高的社会复杂性，可以通过增进关系的广度和深度，实现不同个人、组织单位和企业之间的整合。工作组织的改进增加了与团队成员和同事、客户和供应商等进行有效沟通的任务，拥有实施新技术所需的高水平认知技能对于创造和适应变化尤其重要。而拥有更高人力资本的员工更擅长沟通，有助于降低信息重复的风险（Zammuto和Oconnor，1992）。因此，资产评估机构员工的人力资本越高，意味着其解决问题和沟通的能力越强，能够更好地理解复杂的信息化工作流程，更快地适应信息化的工作环境，与信息技术产生协同效应，共同促进市场业绩的提升。

最后，当资产评估机构的人力资本较高时，有利于信息技术通过组织学习维持企业的竞争优势。随着信息化建设水平的逐渐提高，需要资产评估机构不断地进行组织学习，深化客户关系，改进业务流程，扩大市场份额，以形成相比于其他资产评估机构不可模仿的竞争优势。而拥有更高人力资本的机构员工更具有有学习处理可能面临的不确定性的能力以及更高的责任感（Caroli和Reenen，2001），其信息处理的效益更高（Caroli等，2001），出错率更低（Scott，1981）。Lin和Chen（2009）以会计师事务所为研究对象发现，随着会计师事务所拥有高学历的员工增多，事务所的经营绩效也随之得到显著的提升。

基于此，本章借鉴郭弘卿（2011）对于会计师事务所员工教育水平的计算方法，资产评估机构员工教育水平（Edu_H）=（博士人数×23+硕士人数×18+本科人数×16+专科人数×14+高中（职）人数×12+其他学历×9）÷年底从业员工人数，在模型（5-1）中加入资产评估机构员工学历水平（Edu_H）及其与信息化建设支出（IT）以及三类信息化分项支出（$IT1$、$IT2$、$IT3$）的交乘项，以检验资产评估机构员工人力资本水平对信息化建设水平与资产评估机构的市场业绩关系的影响。回归结果列示在表5-12，实证结果表明，*Edu_H* 和 *IT*、*IT*1、*IT*2、*IT*3 的交乘项系数分别在 5%、5%、5%、10% 的置信水平上显著为正，这说明资产评估机构员工的教育水平越高，资产评估机构中信息化建设支出及硬件和软件支出、技术开发和技术培训支出两类分项支出对资产评估机构市场业绩的正向影响更强，说明资产评估机构员工的人力资本水平越高，越有利于促进信息化建设提升资产评估机构市场业绩的正向作用。资产评估机构要继续重视机构的人才招聘、人才培养，提高机构的人力资本，使得人力资本资源与信息化资源有效结合，形成竞争优势，共同促进评估机构盈利能力的提升。

表5−12　资产评估机构人力资本的影响

变量	（1）	（2）	（3）	（4）
	Return	*Return*	*Return*	*Return*
*Edu_H*IT*	0.009** （2.174）			
IT	−0.015 （−0.501）			
*Edu_H*IT1*		0.035** （1.970）		
IT1		−0.024 （−0.187）		
*Edu_H*IT2*			0.013** （2.113）	
IT2			−0.018 （−0.397）	
*Edu_H*IT3*				0.040* （1.754）
IT3				−0.089 （−0.581）
Edu_H	−0.014 （−0.513）	−0.004 （−0.151）	−0.008 （−0.390）	0.004 （0.839）
Asset	0.430*** （5.501）	0.428*** （5.528）	0.433*** （5.631）	0.434*** （5.649）

变量	（1）Return	（2）Return	（3）Return	（4）Return
Leverage	0.049 （0.185）	0.054 （0.406）	0.056 （0.417）	0.044 （0.164）
CPVg	0.168 （0.180）	0.076 （0.205）	0.085 （0.217）	−0.111 （−0.123）
BusiCon	−0.396* （−1.725）	−0.396* （−1.720）	−0.393* （−1.712）	−0.394* （−1.719）
Top	0.365*** （3.239）	0.371*** （3.336）	0.362*** （3.074）	0.357*** （3.065）
GDPr	0.048* （1.801）	0.047* （1.803）	0.048* （1.688）	0.050* （1.902）
HHI	0.453* （1.858）	0.446* （1.839）	0.443* （1.832）	0.417* （1.652）
Constant	0.247 （0.078）	0.333 （0.101）	0.222 （0.078）	0.024 （0.011）
Year	控制	控制	控制	控制
Area	控制	控制	控制	控制
R^2	0.567	0.566	0.566	0.560
N	300	300	300	300

第六节　本章小结

本章利用2014—2018年资产评估机构层面的数据，研究了信息化建设与资产评估机构市场业绩的相关关系，结果发现：信息化建设与资产评估机构市场业绩显著正相关，并且硬件和软件支出、技术开发和技术培训支出、其他信息化支出都对资产评估机构人均业务收入有显著提升作用，这说明评估机构信息化建设有助于提升市场业绩，且不同类别的信息化建设支出均在一定程度上发挥了作用。以上结论在通过替换解释变量、控制机构固定效应以及处理自选择问题等一系列稳健性检验后依然成立。进一步分析结果表明，当资产评估机构所在地区市场化程度高、地区社会信任度较好、地区信息基础设施更完备、评估机构人力资本水平更高时，评估机构信息化水平对市场业绩的提升作用更强。

本章的研究结论丰富了信息技术与资产评估领域的有关研究，并且具有较强的现实意义和政策意义。我们证明了信息化建设对提升资产评估机构的市场业绩具有重要作用，肯定了资产评估行业加快与信息技术融合，向数字化、网络化、智能化方向转型升级的政策意义。同时表明我国政府要加快市场化进程和强化地区信息设施建设，从而有利于资产评估机构使用信息技术提升市场业绩水平，推动资产评估行业做优做大做强。此外，资产评估机构要注重对高学历人才的引进，提高评估机构使用信息技术的能力，实现人力资源和信息技术的互补，从而在评估工作中充分发挥信息技术的竞争优势，促进资产评估机构市场业绩的持续提升，提高资产评估行业的综合实力和影响力。

第六章

信息化建设与资产评估行业发展：资产评估机构人力资本结构升级视角

第一节　引　言

我国的资产评估行业是在经济体制改革和对外开放政策背景下，为满足国有资产管理工作的需要而产生的，在国有资产产权变动、政府税制改革以及金融资产安全等诸多方面发挥着重要作用。资产评估师与注册会计师、律师共同构成了中国三大服务专业人员。作为资产评估主体的构成部分，资产评估专业人员参与资产评估实践活动的全过程，他们的知识技能、风险意识水平、执业能力和职业道德素养关系到评估业务的质量，甚至影响整个资产评估行业的持续健康发展。不同教育背景和技能水平的人拥有不同的人力资本（Heckman，2003），拥有更高人力资本的资产评估专业人员能够更好地理解新思想、吸收新知识、适应新技术，是提高资产评估行业竞争力的根本所在。然而，2016年12月1日施行的《中华人民共和国资产评估法》大大降低了从事资产评估业务人员的标准，资产评估行业将面临从业人员素质参差不齐的风险。因此，研究如何促进资产评估机构人力资本结构的优化升级对于强化资产评估行业人才队伍建设，推动资产评估行业的发展至关重要。

科技的进步与劳动力市场人力资本结构的变化一直受到政府、业界和学术界的广泛关注。尤其是面对21世纪以来突飞猛进的信息技术进步，关于"信息技术究竟对人力资本结构带来怎样的影响"成为国内外学术界关注的热点问题。Autor等（2003）首先使用常规低技能劳动力（Routine）和非常规高技能劳动力（Non-routine）的劳动力技术分类定义和标准，将依靠明确的电脑指令就能完成的、重复性完成固定程序的任务种类定义为常规任务（Routine task），将仅依靠电脑指令无法完成的工作种类定义为非常规任务（Non-routine task），并以此作为劳动力技能分类的依据。其实证研究发现，信息技术可以替代常规低技能任务，补充非常规高技能任务。Borjas（2005）、Acemoglu 和 Restrepo（2019）和赵烁等（2020）进一步将公司中非常规高技能类别的劳动力在总体劳动力中的占比增加定义为人力资本结构升级。

关于科技进步与劳动力结构技术升级的理论也被提出，技能偏向型技术变化理论（Skill-Biased Technical Change，SBTC）指出，劳动力的需求有向高技能者转移的趋势。已有研究发现，由于高技能人力资本与信息技术互补（Tuzel 和 Zhang，2017），技术进步增加了执行非常规任务的工人的技能回报，并且逐渐取代了执行常规任务的劳动力（Goldin 和 Katz，1999；Goos 等，2014）。Bresnaha 等（1999）通过研究美国公司关于信息技术使用及对高技能劳动力需求增长的数据，发现信息技术作为对劳动力技能的补充提高了企业对于劳动力的技术要求。Katz 和 Margo（2014）总结了美国劳动力市场的发展历史，发现技能偏向型的技术进步可以直接提高人力资本结构优化升级速度。我国同样有学者对技能偏向型的技术进步与人力资本结构的优化升级进行了研究。例如，宁光杰和林子亮（2014）运用世界银行2005—2012年的中国企业调查数据，证明了近十几年来信息技术和人工智能技术的发展增加了企业中高技能劳动力的占比，降低了低技能劳动力的占比。Kim等（2019）基于我国上市公司的研究发现，企业的技术投资可以显著增加企业对劳动力的技能要求。那么信息技术是否会促进资产评估机构的人力资本结构升级，进而优化资产评估行业的人才队伍建设？还未有文献进行研究。

基于此，本章使用2014—2018年资产评估机构数据，实证研究了信息化建设对资产评估机构人力资本结构升级的影响。研究发现，信息化建设水平与资产评估机构非常规高技能劳动力占比显著正相关，从而证明信息化建设可以促进资产评估机构的人力资本结构升级。进一步分析发现信息化建设对于资产评估机构人力资本结构升级的影响在市场化程度高、评估机构管理者学历水平高、行业竞争性强、宏观经济不景气时更为显著。拓展性检验结果表明，信息化建设通过增加资产评估机构非常规高技能劳动力的雇佣，最终扩大了资产评估机构的劳动力规模。

第二节　理论分析与研究假设

技能偏向型技术变化理论（Skill-Biased Technical Change，SBTC）是指劳动力需求转向具有相对更高技能劳动力的技术变化，这一技术变化有利于增加高技能劳动力的就业和收入。Acemoglu 和 Autor（2011）将技能定义为"工人执行各种任务的能力禀赋"，将任务定义为"产生产出的工作活动单元"。由于生产需要将任务分配给劳动力或资本，那么新技术不仅提高了资本和劳动力在执行任务的生产率，而且也影响这些生产要素的任务分配，即生产的任务内容。生产任务内容的变化会影响劳动力需求和劳动生产率。而生产一种产品所涉及的一系列任务并不是随着时间的推移而固定不变的，新技术也可能创造出新的任务。

根据不同的任务类型，Autor 等（2003）进一步明确了常规低技能劳动力（Routine）和非常规高技能劳动力（Non-rountine）的分类定义和标准。依据 Antor 等（2003）的分类标准，常规任务由受教育程度较低的工人执行，而非常规任务由受教育程度较高的工人执行。具体地，常规任务是指如拣选或分类、重复装配和记录保存，是遵循明确程序就能完成的、重复性完成可编码程序的手动和认知任务。这类任务无须复杂的思考和分析，因而对劳动力技能的要求较低，往往由低技能或者低学历的劳动力完成。因此，从事常规任务的劳动力（例如生产工人和低级行政人员等）就被定义为常规低技能劳动力。而非常规任务是指如研究开发、数据分析、法律写作、管理决策等任务。这类任务需要劳动力具备一定的知识积累和沟通技巧，并在其基础上进行复杂的思考分析才能够完成，对劳动力技能的要求很高，往往需要由高学历或者高技能的员工来完成。因此，从事非常规任务的劳动力（例如研发人员、高级经理人、技术人员等）就被定义为非常规高技能劳动力。他们通过对美国劳动力市场的研究发现，技术进步对于常规低技能劳动力产生了巨大冲击，同时创造了需要更多非常规高级技能劳动力的新职位，从而促进了人力资本结构升级。现有大量实证研究验证了SBTC理论，发现信息技术有利于促进企业人力资本结构的转型升级（宁光杰和林子亮，2014；Jaimovich 和 Siu，2015；Hershbein 和 Kahn，2018）。

基于此，对于资产评估行业，本章认为信息化建设可以促进资产评估机构的人力资本结构升级。具体而言：

一方面，信息化建设可以通过有限替代机制和信息过载机制直接增加了对非常规高技能劳动力的需求（Bresnahan，2002）。其一，有限替代机制是指信息技术对劳动力的替代主要局限在已经有完整设计并且适合实施自动化的简单重复工作，比如生产工人和低级行政人员的日常工作，这样的工作已被计算机系统规范化、程序化和标准化。然而对于那些需要对未来进行判断更为复杂和对认知要求更高的工作，比如高级管理人员、研发人员和技术人员的工作，计算机是无法进行替代的。非常规高技能劳动力与信息资本的替代弹性要小于常规低技能劳动力与信息资本的替代弹性（Krusell 等，2000），导致高技能劳动力的相对需求上升。其二，信息过载机制是指信息技术的使用给企业带来了海量的原始数据，而数据可用性的增长通常大于企业调整资源的能力。原始数据是企业进行分析和处理的素材，有利于企业分析客户需求以开发新产品，然而这些原始数据由于规模巨大，需要被进一步处理分析才能够为企业所有效使用，而非常规高技能的劳动力往往更有能力对海量数据进行处理和分析，充分利用这些数据，从而更加有效地适应和利用新技术，这将导致企业产生对非常规高技能劳动力的需求（Bresnahan，1997）。那么随着我国迈入入大数据和智能化时代，面对海量的评估数据和评估客户企业信息，资产评估机构中以高学历员工为代表的非常规高技能劳动力可以充分利用信息化系统和智能化设备显著提高资产评估的工作效率，使得资产评估机构增加了对非常规高技能劳动力的需求，以应对信息化时代所带来的机会。

另一方面，信息化建设通过给资产评估机构带来的业务流程和工作组织的变化，间接增加了对非常规高技能劳动力的需求。原因在于，企业为了有效使用信息技术，不会简单地安装信息化设备，而是会改变工作组织方式，优化业务流程和管理结构，这会对企业的劳动力技能提出新的要求（宁光杰和林子亮，2014）。其一，Caoli 和 Reenen（2001）指出，信息化建设所带来的更加全面的数据库和更加便捷的信息获取渠道需要劳动者具有更强的分析与解决问题的能力。而受教育程度更高的劳动力更具有有学习处理可能面临的不确定性的能力，其信息处理的效益更高、出错率更低。Acemoglu 和 Auto（2011）、Jaimovich 和 Siu（2015）的研究发现，信息技术推动企业实现的自动化水平升级，促使企业增加了高学历员工的招聘数量。其二，工作组织的改进增加了与团队成员和同事、客户和供应商等进行有效沟通的任务，拥有实施新技术所需的高水平认知技能对于创造和适应变化尤其重要。而非常规高技能劳动力更擅长沟通，有助于降低信息重复的风险（Zammuto 和 Oconnor，1992），这些都是信息技术所不能取代的能力。而常规低技能的劳动力在市场中的竞争力则不断下降，可能会面临收入下降甚至失业的风险。Autor 等（2003）基于美国数据的实证研究发现，技术创新的升级会使越来越多的常规低技能职业被替代甚至消失。赵烁等（2020）使用我国上市公司数据的研究也表明，兼并收购所带来的企业生产技术升级使得企业显著增加了劳动力受教育水平占比，推动了企业的劳动力结构优化升级。

　　基于以上分析，一方面，由于资产评估机构信息技术的应用对组织效率具有积极的影响，在这种情况下，资产评估机构投入在各种生产要素上的资金都会增加，从而产生规模经济。规模经济使得资产评估机构的非常规高技能劳动力和常规低技能劳动力的数量都会增加，这被称为"规模效应"。另一方面，资产评估机构的信息化建设在提升组织效率的同时可能会对组织机构进行精简，淘汰那些可以实现自动化或者不适应新技术的常规低技能劳动力，这被称为"替代效应"。然而，新技术也可能创造出新的任务，在这些任务中，人类相比比机器具有相对优势，从而增加了对高技能劳动力的需求（Autor 等，2013；Acemoglu 和 Restrepo，2018），这被称为"互补效应"。因此资产评估机构的非常规高技能劳动力的人数会因受到"规模效应"和"互补效应"的一致作用而增加，资产评估机构的常规低技能劳动力的人数则会受到"规模效应"和"替代效应"这两种相反作用的影响，其净增加人数的将小于非常规高技能劳动力的增加人数。综上所述，本章提出以下假设。

　　研究假设H1：信息化建设水平可以提高资产评估机构的非常规高技能劳动力占比，促进资产评估机构人力资本结构升级。

第三节　研究设计

一、样本选择与数据来源

　　本章以2014—2018年69家证券业资产评估机构层面数据为研究样本。之所以选择证券业资产评估机构作为研究样本，原因在于尽管目前中国有4000多家资产评估机构，但是大多数规模较小，而这69家证券业资产评估机构规模较大，拥有的资产评估师和占领的资产评估市场的份额也较多，地域分布也与我国当前的经济发展的区域分布相一致。因此，我们认为这69家资产评估机构可以代表目前中国资产评估行业的真实状况。资产评估机构层面的数据来源于中国资产评估协会网站，通过手工整理形成。资产评估的信息化建设数据和人力资本数据来源于2019年中国资产评估协会对69家证券业资产评估机构2014—2018年行业发展情况所进行的问卷调查。调查共发放问卷69份，收回有效问卷62份，问卷回复率为89.86%。人均GDP增长率的数据来源于国家统计局网站。机构所在地的最低工资数据来源于Wind数据库。为了使各年数据之间具有可比性，我们进一步在样本中剔除了2家[①]不属于在2014—2018年期间均为证券业资产评估机构，最终得到300个观测值。为弱化异常值的影响，本章对模型中的所有连续变量在1%和99%的水平上进行了缩尾处理。

[①]　新疆华盛资产评估与不动产估价有限公司于2017年取得证券评估资格，深圳市鹏信资产评估土地房地产估价有限公司于2016年取得证券评估资格。

二、实证模型

为检验评估机构信息化水平对人力资本结构的影响，本章采用如下模型进行实证分析：

$$y_{i,t}=\alpha_0+\alpha_1 IT_{i,t}+\alpha_2 Control+\alpha_j\sum Year_{i,t}+\alpha_k\sum Local_{i,t}+\varepsilon_{i,t} \qquad （6-1）$$

其中被解释变量$y_{i,t}$主要是指资产评估机构人力资本结构：以本科及以上学历员工占比表示评估机构的非常规高技能劳动力占比。等式右边的主要解释变量$IT_{i,t}$表示信息化建设水平。如果信息化建设是技能偏向型的，则对非常规高技能劳动力占比的影响系数为正。同时还增加了一些控制变量，以加大模型的解释力度。具体定义见后文。

三、变量设计

（一）资产评估机构人力资本结构

在劳动经济学文献中，劳动力的受教育程度是衡量劳动力技术水平的重要指标，高学历的员工通常从事非常规高技能任务，而低学历员工通常从事常规低技能任务（Acemoglu，2003；宁光杰和林子亮，2014）。因此本章在实证检验中考虑到资产评估行业为知识密集型行业，采用较为传统的变量——本科及以上教育程度劳动力占总体员工比重来衡量资产评估机构的非常规高技能劳动力状况。

（二）信息化建设水平

本章以资产评估机构当年信息化建设支出占业务收入百分比衡量评估机构每年的信息化水平。由于信息化支出占比较小，为便于观测回归系数，我们在实证分析中将该指标扩大100倍代入计量模型。由于不同类别的信息化支出用途可能存在差异，对人力资本结构升级影响也可能不同。本章根据信息化建设的细分内容，进一步研究硬件和软件支出（IT1）、技术开发和技术培训支出（IT2）和其他信息化支出（IT3）这三类分项支出对资产评估机构人力资本结构升级的影响。

（三）控制变量

本章借鉴杨世信等（2018）和赵烁等（2020），主要加入机构和地区两个层面的控制变量。机构层面的控制变量包括评估机构规模（$Asset$），用以控制资产评估机构规模的影响；评估机构年龄（Age），用以控制公司年龄的影响；机构资产负债率（$Leverage$），用以控制资产评估机构债务水平和财务水平的影响；机构资产收益率（ROA），用以控制资产评估机构盈利能力的影响。地区层面的变量包括机构所在地区行业集中度（HHI），用以控制地区行业竞争的影响；机构所在省份人均GDP增长率（$GDPr$），用以控制地区经济发展的影响；机构所在地最低工资水平（$Minwage$），用以控制当地工资水平的影响。此外，加入分不同城市、年度的地区效应和时间效应。各变量的具体界定详见表6-1。

表6-1　主要变量名及其含义

变量类型	变量符号	变量名称	变量定义
被解释变量	*NonRoutine*	非常规高技能劳动力	本科及以上员工占比
解释变量	*IT*	信息化建设水平	信息化建设支出/业务收入
	IT1	硬件和软件支出	硬件和软件支出/业务收入
	IT2	技术开发和技术培训	技术开发和技术培训支出/业务收入
	IT3	其他信息化建设	其他信息化支出/业务收入
控制变量	*Asset*	评估机构规模	资产评估机构总资产的自然对数
	Age	评估机构年龄	评估机构成立年限的自然对数
	Leverage	机构资产负债率	负债总额/资产总额
	ROA	机构资产净利率	评估机构净利润/评估机构总资产
	HHI	地区行业集中度	资产评估机构行业市场份额的平方和
	GDPr	地区人均GDP增长率	将人均GDP去除通货膨胀影响后所计算得到的增长率
	Minwage	地区最低工资	地区最低工资取自然对数
	Year	年度	年度虚拟变量
	Area	地区	地区虚拟变量

第四节　实证检验结果与分析

一、描述性统计

表6-2中报告了模型（6-1）中主要变量的描述性统计结果。评估机构信息化水平（IT）最大值为14.184，最小值为0.109，标准差约为3.248，样本之间异质性较明显，便于从机构层面研究信息化水平对人力资本结构升级的影响。三类信息化分项支出中，硬件和软件支出（$IT1$）和技术开发和技术培训支出（$IT2$）占比较大，均值分别为0.991和3.012，其他信息化支出（$IT3$）占比相对较小，均值为0.870。其他变量的描述性统计结果均在合理范围内。

表6-2　主要变量的描述性统计

变量名	样本量	均值	中位数	标准差	最小值	最大值
NonRoutine	300	0.754	0.764	0.152	0.262	1.000
IT	300	4.877	4.097	3.248	0.109	14.184
IT1	300	0.991	0.816	0.664	0.022	2.803
IT2	300	3.012	2.515	1.996	0.068	8.404
IT3	300	0.870	0.702	0.665	0.018	3.336
Asset	300	17.184	17.064	0.934	15.075	19.365
Age	300	2.713	2.833	0.398	1.792	3.258
Leverage	300	0.654	0.681	0.183	0.182	0.929
ROA	300	0.045	0.031	0.07	−0.244	0.255
HHI	300	0.264	0.089	0.273	0.069	1.000
GDPr	300	1.080	1.086	0.022	1.002	1.123
Minwage	300	7.399	7.450	0.240	6.757	7.792

二、相关性分析

表6-3为主要变量的Pearson相关系数表，由此表可知，IT与*NonRoutine*

在1%的水平显著正相关，相关系数为0.079，这说明评估机构信息化建设水平越高，越有助于资产评估机构的人力资本结构升级，初步支持了本章的研究假设H1。此外，我们也发现大部分的控制变量与 *NonRoutine* 的相关系数在1%的置信水平显著，这说明本章的控制变量的选取具有一定的代表性。最后，解释变量之间的相关系数较小，不存在严重的多重共线性问题。

表6-3　主要变量的相关性系数表

变量		（1）*NonRoutine*	（2）*IT*	（3）*Asset*	（4）*Age*	（5）*Leverage*	（6）*ROA*	（7）*HHI*	（8）*GDPr*	（9）*Asset*
（1）	*NonRoutine*	1								
（2）	*IT*	**0.079**	1.000							
（3）	*Asset*	**0.171**	**0.267**	1.000						
（4）	*Age*	**0.237**	0.051	**0.261**	1.000					
（5）	*Leverage*	–0.126	–0.005	–0.050	–0.087	1.000				
（6）	*ROA*	0.107	0.065	0.327	**0.234**	–0.245	1			
（7）	*HHI*	**0.166**	–0.331	0.011	**0.203**	–0.025	0.042	1.000		
（8）	*GDPr*	0.046	0.121	0.142	**0.165**	0.080	0.131	–0.073	1.000	
（9）	*Minwage*	**0.053**	**0.282**	**0.230**	0.009	**0.156**	0.094	**–0.664**	**0.254**	1.000

注：加粗数字表示在1%水平显著。

三、研究假说的实证检验

本章在表6-4列示了研究假说的OLS回归结果。实证结果发现，信息化建设可以提高非常规高技能劳动力的比例，表现为 *IT*、*IT*1、*IT*2、*IT*3 回归系数在5%的置信水平上均显著为正，说明信息化建设使得资产评估机构对劳动力的需求发生了技术偏向转移，增加了对于员工教育水平的要求。这一结果论证了信息化建设对资产评估机构人力资本结构升级所存在的正向影响，支持了本章的研究假设H1。

表6-4　信息化建设与资产评估机构人力资本结构升级

变量	（1）NonRoutine	（2）NonRoutine	（3）NonRoutine	（4）NonRoutine
IT	0.007** （2.174）			
IT1		0.032** （2.286）		
IT2			0.011** （2.166）	
IT3				0.028** （2.273）
Asset	0.008 （0.407）	0.008 （0.482）	0.008 （0.485）	0.009 （0.400）
Age	0.046 （0.874）	0.047 （0.877）	0.047 （0.813）	0.046 （0.775）
Leverage	−0.165* （−1.783）	−0.164 （−1.631）	−0.163* （−1.764）	−0.169* （−1.891）
ROA	−0.032 （−0.191）	−0.032 （−0.190）	−0.029 （−0.183）	−0.042 （−1.191）
HHI	0.469*** （4.039）	0.466*** （4.054）	0.467*** （4.024）	0.467*** （4.48）
GDPr	0.005 （0.834）	0.005 （0.814）	0.005 （0.819）	0.005 （0.781）
Minwage	0.003** （2.346）	0.003*** （2.679）	0.003*** （2.643）	0.003** （2.457）
Constant	−2.194* （−1.816）	−2.186 （−1.512）	−2.186* （−1.858）	−2.249* （−1.852）
Year	控制	控制	控制	控制
Area	控制	控制	控制	控制
R^2	0.235	0.235	0.234	0.232
N	300	300	300	300

注：括号内为t值，***、**和*分别代表在1%、5%和10%的水平下显著。下同。

四、稳健性检验

（一）替换主要解释变量

本章采用通过手工收集的评估机构是否同时设立微信公众号与公司官网数据设置虚拟变量 *WEB*（同时设立为1，否则为0）作为机构信息化建设的另一种衡量方式。使用新的解释变量重新对模型（6-1）进行回归。回归结果列示在表6-5，*WEB* 的回归系数在5%的置信水平上显著为正，支持了本章的研究假设H1。

表6-5　替换信息化建设变量

变量	（1）
	NonRoutine
WEB	0.013** （2.312）
Asset	0.012 （0.636）
Age	0.048 （0.854）
Leverage	−0.159* （−1.784）
ROA	−0.045 （−0.195）
HHI	0.427*** （6.957）
GDPr	0.005 （0.683）
Minwage	0.003*** （2.860）
Constant	−2.216* （−1.745）
Year	控制

变量	（1）
	NonRoutine
Area	控制
R^2	0.221
N	300

（二）替换人力资本结构变量

本章也构造了与劳动力职业技术相关的变量来衡量人力资本结构。根据Autor 等（2003）的分类方法，资产评估师、管理层、研发人员和财务人员为非常规高技能劳动力（*NonRoutine*），表示非常规的、不易被信息技术替代的劳动力；其他评估人员、办公支持人员和其他人员为常规低技能劳动力（*Routine*），表示从事常规的、重复性的、易被信息技术替代的劳动力。因此，我们使用与劳动力职业技术相关的劳动力占总体员工的比例作为被解释变量对模型（6-1）重新进行回归。回归结果列示在表6-6，结果表明，信息化建设显著提高了资产评估师、管理层、研发人员和财务人员等非常规高技能劳动力占比，降低了其他评估人员、办公支持人员和其他人员等常规低技能劳动力占比，促进了资产评估机构人力资本结构升级，支持了本章的研究假设H1。

表6-6 替换人力资本结构变量

变量	（1）	（2）	（3）	（4）	（5）	（6）	（7）
	NonRoutine				*Routine*		
	资产评估师%	管理层%	研发人员%	财务人员%	其他评估人员%	办公支持人员%	其他人员%
IT	0.001** （2.231）	0.001* （1.712）	0.002** （2.022）	0.001* （1.698）	−0.005* （−1.730）	−0.000**[1] （−2.036）	−0.000*[2] （−1.652）

① 办公支持人员的 *IT* 系数为 −0.00019。

② 其他人员的 *IT* 系数为 −0.00016。

续表

变量	（1）	（2）	（3）	（4）	（5）	（6）	（7）
	NonRoutine				*Routine*		
	资产评估师%	管理层%	研发人员%	财务人员%	其他评估人员%	办公支持人员%	其他人员%
Asset	−0.042*** （−4.151）	−0.005*** （−4.192）	−0.003*** （−4.323）	−0.005*** （−4.163）	0.060*** （4.120）	0.009*** （4.098）	0.007*** （4.230）
Age	0.000 （0.136）	0.023 （0.158）	0.007 （0.171）	−0.003 （−0.104）	0.047 （0.155）	0.003 （0.194）	−0.013 （−0.179）
Leverage	−0.030 （−1.136）	−0.007 （−1.238）	−0.003 （−1.101）	−0.009 （−1.263）	0.224 （1.474）	0.007 （1.270）	0.033 （1.161）
ROA	−0.129 （−1.138）	0.093 （1.157）	0.011 （1.140）	−0.024 （−1.172）	0.289 （1.541）	0.019 （1.175）	0.008 （1.336）
HHI	−0.143 （−0.162）	−0.152 （−0.199）	−0.173 （−0.132）	−0.112 （−0.128）	0.125 （0.123）	0.128 （0.106）	0.130 （0.136）
GDPr	−0.015* （−1.876）	0.000* （1.734）	0.003 （1.478）	0.001 （1.308）	0.023 （1.241）	0.002 （1.422）	0.001 （1.533）
Minwage	−0.001*** （−3.855）	0.000*** （3.843）	−0.001*** （−4.244）	−0.000*** （−4.144）	0.001*** （7.570）	−0.000*** （−5.744）	−0.000*** （−6.698）
Constant	3.341 （0.423）	0.063 （0.444）	0.008 （0.508）	0.216 （0.523）	−4.426 （−0.242）	−0.049 （−0.587）	−0.043 （−0.720）
Year	控制	控制	控制	控制	控制	控制	控制
Area	控制	控制	控制	控制	控制	控制	控制
R^2	0.177	0.104	0.168	0.157	0.170	0.135	0.172
N	300	300	300	300	300	300	300

（三）控制评估机构固定效应

尽管模型（6–1）控制了地区与年份固定效应，但研究结论可能会受到研究期间不随时间变化的机构异质性（如机构文化、地理因素等）的影响。因此，本章对模型（6–1）固定机构效应进行回归，实证结果列示在表6–7。实证结果表明，*IT*、*IT*1、*IT*2回归系数在5%的置信水平上显著为正，基本上支持了本章的研究假设H1。

表6-7　控制机构固定效应

变量	（1）NonRoutine	（2）NonRoutine	（3）NonRoutine	（4）NonRoutine
IT	0.002** （2.178）			
IT1		0.009** （2.507）		
IT2			0.002** （2.287）	
IT3				0.013 （1.539）
Asset	0.013 （0.560）	0.013 （0.499）	0.013 （0.583）	0.013 （0.431）
Age	0.102* （1.695）	0.103 （1.303）	0.103* （1.660）	0.102 （1.413）
Leverage	−0.203 （−0.304）	−0.202 （−0.261）	−0.202 （−0.230）	−0.208 （−0.489）
ROA	0.047 （0.470）	0.047 （0.476）	0.049 （0.497）	0.044 （0.480）
HHI	0.035 （0.694）	0.023 （0.657）	0.028 （0.636）	0.053 （0.631）
GDPr	0.006* （1.895）	0.006** （1.921）	0.006* （1.916）	0.006* （1.816）
Minwage	0.001* （1.688）	0.001* （1.652）	0.001* （1.661）	0.001* （1.791）
Constant	−0.772 （−1.504）	−0.761 （−1.491）	−0.777 （−1.519）	−0.830 （−1.517）
Year	控制	控制	控制	控制
Agent	控制	控制	控制	控制
R^2	0.202	0.202	0.202	0.202
N	300	300	300	300

（四）工具变量法

为了进一步排除内生性问题，在此，本章分别将评估机构所在省份当年其他机构的信息化建设总支出均值（IT_M）和其他三项信息化支出的均值（$IT1\_M$、$IT2\_M$、$IT3\_M$）作为信息化建设的工具变量，使用工具变量两阶段法重新对主要结论进行检验。这是由于评估机构的信息化建设情况很大程度上会受到其他评估机构的影响，用此作为工具变量能够将原主体回归模型中误差项里包含的外生因素对于资产评估机构人力资本结构升级的影响表示出来，从而缓解内生性问题。第二阶段的检验结果列示在表6-8，发现IT、$IT1$、$IT2$、$IT3$回归系数在10%、5%、10%、10%的置信水平上显著为正，支持了本章的研究假设H1。

表6-8　工具变量法

变量	（1）	（2）	（3）	（4）
	NonRoutine	*NonRoutine*	*NonRoutine*	*NonRoutine*
IT	0.011* （1.903）			
IT1		0.056** （2.184）		
IT2			0.018* （1.726）	
IT3				0.020* （1.954）
Asset	0.033 （0.495）	0.033 （0.305）	0.033 （0.347）	0.034 （0.491）
Age	0.065*** （5.445）	0.064*** （5.303）	0.065*** （5.431）	0.065*** （5.366）
Leverage	−0.109 （−1.097）	−0.110 （−1.157）	−0.111 （−1.124）	−0.112 （−1.435）
ROA	0.046 （0.788）	0.045 （0.776）	0.040 （0.691）	0.037 （0.576）
HHI	0.170 （0.261）	0.170 （0.262）	0.169 （0.268）	0.169 （0.256）

变量	（1）NonRoutine	（2）NonRoutine	（3）NonRoutine	（4）NonRoutine
$GDPr$	−0.001 （−1.582）	−0.001 （−1.587）	−0.001 （−1.516）	−0.001 （−1.502）
$Minwage$	0.000* （1.826）	0.000* （1.819）	0.000* （1.791）	0.000* （1.938）
Constant	−0.222 （−0.869）	−0.210 （−0.800）	−0.219 （−0.801）	−0.263 （−1.427）
$Year$	控制	控制	控制	控制
$Area$	控制	控制	控制	控制
R^2	0.100	0.098	0.102	0.090
N	300	300	300	300

（五）自选择问题的处理

人力资本结构更为优化的资产评估机构可能倾向于选择进行信息化建设，以促进资产评估机构人力资本结构的进一步升级。为了避免此类内生性问题的影响，本章采用Heckman两阶段回归进行稳健性检验。在第一阶段中，设立一个评估机构信息化建设水平高低概率的模型。根据资产评估机构信息化建设支出（IT）中位数分布设置虚拟变量（IT_H）作为因变量，同时将评估机构所在省份当年其他机构的信息化建设总支出均值（IT_M）作为信息化建设排他性变量，我们在第一阶段采用Probit进行回归，从而计算出逆米尔斯比率（IMR），将其代入模型（6−1）中进行第二阶段回归。

表6−9的Panel A列示了第一阶段回归结果，从中可看出评估机构所在省份当年其他机构的信息化建设总支出均值（IT_M）越高，资产评估评估机构的信息化建设水平越高。表6−9的Panel B列示了第二阶段回归结果，IMR的系数显著为负，说明原样本存在自选择问题。结果表明，在控制高信息化水平组的样本选择偏差后，信息化建设水平越高，越有利于促进资产评估机构人力资本的优化升级，表现为IT的回归系数在10%置信水平上显著为正，支持了本章的研究假设H1。

表6-9　自选择问题的处理

Panel A：Heckman第一阶段Probit回归			
	IT_H		**IT_H**
IT_M	0.556*** （4.44）	Minwage	−0.005 （−0.60）
Asset	0.311*** （3.02）	Constant	−9.470 （−0.84）
Age	0.552** （2.00）	Year	控制
		Area	控制
Leverage	−1.140* （−1.91）	Pseudo R^2	0.195
		N	300
ROA	−2.500* （−1.78）		
HHI	−0.032 （−0.03）		
GDPr	0.035 （0.39）		
Panel B：Heckman第二阶段Probit回归			
	NonRoutine		**NonRoutine**
IT	0.005* （1.826）	Minwage	0.003*** （5.355）
Asset	0.006 （0.581）	IMRi	−0.033* （−1.671）
Age	0.030 （1.165）	Constant	−1.262** （−2.310）
Leverage	−0.172*** （−3.586）	Year	控制
		Area	控制
ROA	0.004 （0.029）	R^2	0.233
		N	300
HHI	0.504 （0.697）		
GDPr	−0.001 （−0.262）		

（六）差分模型

考虑到存在遗漏的关键变量同时影响资产评估机构的人力资本结构升级与信息化建设，进而导致本章的主要研究结论，我们采用了差分（Change）模型，运用所有变量当期值与滞后一期值的变化值重新进行回归分析，以消除潜在未考虑到的关键变量的影响，实证结果列示在表6-10的列（1）。结果表明，IT的回归系数在10%的置信水平上显著为正，本章的研究假设H1仍然成立。

（七）滞后效应

由于信息化建设对于促进资产评估机构人力资本结构升级的效果可能存在滞后效应，我们进一步分析了滞后1-3期的信息化建设支出对资产评估机构人力资本结构升级的影响，实证结果列示在表6-10的列（2）-（4）。结果表明，IT1、IT2、IT3的回归系数在5%的置信水平上均显著为正，支持了本章的研究假设H1。

表6-10　其他稳健性检验

变量	（1）△ NonRoutine	（2）NonRoutine	（3）NonRoutine	（4）NonRoutine
IT	0.001* （1.871）			
IT_{t-1}		0.008** （2.181）		
IT_{t-2}			0.005** （2.052）	
IT_{t-3}				0.005** （1.989）
$Asset$	0.034** （2.560）	0.008 （0.499）	0.013 （0.498）	0.011 （0.431）
Age	0.055 （0.275）	0.044 （0.783）	0.053 （0.866）	0.068 （0.413）

变量	（1） △ NonRoutine	（2） NonRoutine	（3） NonRoutine	（4） NonRoutine
Leverage	−0.049 （−0.093）	−0.153 （−1.561）	−0.157 （−1.523）	−0.138 （−1.489）
ROA	−0.147* （−1.970）	−0.097 （0.497）	−0.170 （0.497）	−0.194 （0.480）
HHI	−0.086 （−0.564）	0.047 （0.807）	0.042 （0.236）	0.037 （0.431）
GDPr	0.004 （1.495）	0.007 （1.192）	0.004 （1.116）	0.005 （1.186）
Minwage	0.000 （0.088）	0.001** （2.142）	0.003** （2.361）	0.002** （2.191）
Constant	0.722*** （15.423）	−2.441** （−2.049）	−2.777* （−1.819）	−1.830 （−1.517）
Year	控制	控制	控制	控制
Agent	控制	控制	控制	控制
R^2	0.202	0.227	0.202	0.202
N	240	240	180	120

第五节　进一步分析

陶爱萍等（2020）研究发现，市场化程度是影响一个区域的技术进步和劳动力市场地区发展和企业成长的重要外部环境因素；赵烁等（2020）使用我国上市公司数据的研究发现，企业生产技术升级促进劳动力结构优化升级的作用在高竞争行业中更为显著；Hershbein 和 Kahn（2018）研究了宏观经济衰退对美国个人工资、就业以及技能工人需求的影响，发现不同群体受宏观经济增速放缓的影响存在差异；此外，由于信息技术在企业中的应用需要新思想、新知识和相应的组织变革，这对管理者的能力提出了新的要求（Mumford，2000）。因此，我们认为信息化建设对人力资本结构升级的影响在不同的外部环境、不同的行业竞争性程度以及不同高管学历水平的资产评估机构中影响可能不同。具体分析如下：

一、市场化程度的影响

市场化转型是我国改革开放以来的重要特征。已有研究发现，市场化程度作为影响地区发展和企业成长的重要外部环境因素，会深入影响一个区域的技术进步和劳动力市场（杨飞，2017；陶爱萍等，2020）。杨飞（2017）通过建立内生技能偏向性技术进步模型，认为市场化能够更多地缩短高技能偏向性技术的市场化应用时间，促进高技能偏向性技术进步，进而提升技能溢价。其基于行业面板数据的研究结果表明，市场化程度的提升显著促进了高技能偏向性技术进步，而且市场化主要通过技能偏向性技术进步渠道提高技能溢价。陶爱萍等（2020）利用中国211个城市的数据以及企业层面的数据，研究发现市场化水平的提高能够有效推动劳动力技能结构优化，从而正向调节了外资进入对本地技能溢价的影响。他们认为，一方面，市场化带来的效率机制能够激励企业不断加大对新技术的研发和应用，从而增加了企业对高技能劳动力的需求。另一方面，市场化水平更高的地区也往往拥有更为庞大的劳动力，可以充分满足企业人力资本结构升级的需要。综上所述，由于我国正处于经济转型期，各区域发展不均衡，各地区的市场化进程差异较大，那么信息化建设与资产评估机构人力资本结构升级的正向关系，显然会受到资产评估机构所在地区市场化进程的影响。

基于此，本章采用来自《中国分省市场化指数报告（2018）》提供的市场化指数代表地区市场化程度（M_H）[①]，在模型（6-1）中分别加入地区市场化程度（M_H）与信息化建设支出（IT）以及三类信息化分项支出（$IT1$、$IT2$、$IT3$）的交乘项，以进一步考察地区市场化程度和信息化建设的交互项对资产

[①] 《中国分省市场化指数报告（2018）》中只报告了1997—2016年的市场化指数，2017、2018的市场化指数参考俞红海等（2010）的方法，根据历年市场化指数的平均增长幅度推算得出。

评估机构人力资本升级的影响。

表6-11的回归结果显示，*M_H*IT*、*M_H*IT*1、*M_H*IT*2的回归系数分别在5%、5%、10%的置信水平上显著为正。这说明在地区市场化程度更高时，信息化建设提高非常规高技能劳动力占比的作用更强，基本符合我们的理论预期。

表6-11 地区市场化程度的影响

变量	（1） NonRoutine	（2） NonRoutine	（3） NonRoutine	（4） NonRoutine
M_H*IT	0.004** （2.340）			
IT	0.034 （1.328）			
M_H*IT1		0.020** （2.040）		
IT1		0.167* （1.209）		
M_H*IT2			0.007* （1.703）	
IT2			0.054 （1.267）	
M_H*IT3				0.009 （1.588）
IT3				0.059 （1.262）
M_H	−0.052*** （−4.045）	−0.052*** （−3.352）	−0.052*** （−3.621）	−0.043*** （−4.140）
Asset	0.011 （0.536）	0.011 （0.529）	0.011 （0.510）	0.013 （0.570）
Age	0.043 （0.842）	0.044 （0.991）	0.043 （0.888）	0.042 （0.828）
Leverage	−0.174* （−1.900）	−0.173* （−1.865）	−0.172* （−1.865）	−0.176* （−1.883）

续表

变量	（1）NonRoutine	（2）NonRoutine	（3）NonRoutine	（4）NonRoutine
ROA	0.019 （0.134）	0.019 （0.146）	0.022 （0.112）	0.002 （0.153）
HHI	0.445*** （3.822）	0.443*** （3.388）	0.443*** （3.601）	0.447*** （3.794）
GDPr	0.008 （1.259）	0.008 （1.175）	0.008 （1.125）	0.008 （1.162）
Minwage	0.004*** （2.948）	0.004** （2.211）	0.004** （2.093）	0.004** （2.215）
Constant	−2.500* （−1.991）	−2.490 （−1.234）	−2.487 （−1.256）	−2.668 （−1.153）
Year	控制	控制	控制	控制
Area	控制	控制	控制	控制
R^2	0.252	0.252	0.252	0.246
N	300	300	300	300

二、行业集中度的影响

产业组织理论通常以行业集中度指标表示行业竞争力（Porter，2001）。已有研究发现，行业集中度高的企业会因该行业的进入壁垒较高增加企业的盈利能力，但会降低新技术投资的边际价值。相反，行业集中度的降低则会增加企业从新技术中获得的边际收益（Cohen 和 Levin，1989）。Melville 等（2004）的研究表明，行业集中度高（竞争度低）的企业，往往通过坐享垄断租金实现企业绩效的提升，因此并不努力提升企业效率。相反，在行业集中度低（竞争度高）的企业，会积极应用信息技术改进业务流程（Devaraj 和 Kohli，2003；Ray 等，2004），优化组织结构，从而提高生产率水平以实现企业盈利能力的提升。赵烁等（2020）使用我国上市公司数据的研究发现，兼并收购所带来的企业生产技术升级有利于企业的劳动力结构优化升级，而这种影响在高竞争行业中更为显著。

　　基于此，本章认为，行业竞争的加剧可以激励资产评估机构不断加大信息化建设投入，提高利用信息技术的能力和信息化建设项目的管理水平，并且优化机构组织结构，提高机构生产率水平，进而获得更多的市场份额。由于信息技术的应用一方面将替代常规低劳动力，减少常规低技能劳动力的需求，并增加非常规劳动力的需求（Bresnahan等，2002），另一方面，信息技术所导致的业务流程和工作组织的相应变化也间接增加了对非常规高技能劳动力的需求（宁光杰和林子亮，2014）。因此，行业竞争加剧促进了资产评估机构对人力资本结构升级的需求。那么信息化建设与资产评估机构人力资本结构升级之间的正向关系在行业竞争度高时将更为显著。

　　基于此，本章在模型（6-1）中分别加入地区评估行业集中度（HHI）与信息化建设支出（IT）以及三类信息化分项支出（IT1、IT2、IT3）的交乘项，以进一步考察地区评估行业竞争和信息化建设的交互项对资产评估机构人力资本升级的影响。

　　表6-12的回归结果显示，HHI*IT、HHI*IT1、HHI*IT2、HHI*IT3的回归系数在非常规高技能占比组中分别在5%、10%、1%、5%的置信水平上显著为负，这说明当地区评估行业竞争度更高时，信息化建设提高非常规高技能劳动力占比的作用更强，符合我们的理论预期。

表6-12　行业集中度的影响

变量	（1） NonRoutine	（2） NonRoutine	（3） NonRoutine	（4） NonRoutine
HHI*IT	-0.021** （-2.327）			
IT	0.010*** （6.481）			
HIH*IT1		-0.112* （-1.743）		
IT1		0.050** （2.207）		

续表

变量	（1）NonRoutine	（2）NonRoutine	（3）NonRoutine	（4）NonRoutine
HIH*IT2			−0.038***（−2.895）	
IT2			0.030***（8.315）	
HHI*IT3				−0.127**（−2.370）
IT3				0.046***（4.681）
Asset	0.006（1.511）	0.007（1.520）	0.007*（1.668）	0.007*（1.698）
Age	0.048**（2.418）	0.049**（2.566）	0.049***（2.625）	0.046***（2.750）
Leverage	−0.163***（−2.582）	−0.160**（−2.523）	−0.159**（−2.299）	−0.167***（−2.653）
ROA	−0.016（−0.246）	−0.015（−0.228）	−0.015（−0.228）	−0.025（−0.343）
HHI	0.200（1.603）	0.204（1.601）	0.204（1.590）	0.206（1.592）
GDPr	0.006（1.179）	0.006（1.193）	0.006（1.174）	0.006（1.101）
Minwage	0.003**（2.125）	0.003***（2.757）	0.003**（2.243）	0.003**（2.178）
Constant	−2.213**（−2.092）	−2.197**（−2.058）	−2.186***（−2.903）	−2.247**（−2.462）
Year	控制	控制	控制	控制
Area	控制	控制	控制	控制
R^2	0.242	0.243	0.243	0.239
N	300	300	300	300

三、宏观经济的影响

已有国内外学者研究发现，宏观经济与人力资本结构之间存在密切关联。陈安平等（2020）采用中国家庭收入调查数据的研究发现，宏观经济增速放缓导致就业率下降，而且不同群体受经济增速放缓的影响程度存在差异，分教育程度来看，受教育水平更低人群的就业率在经济增速放缓中下降更多。宏观经济环境决定了企业将信息技术应用于组织改进的程度（Kim等，2019）。那么宏观经济景气程度显然会影响信息化建设与资产评估机构人力资本结构升级之间的关系。具体分析如下：

首先，宏观经济环境会通过非理性预期影响信息化建设与资产评估机构人力资本结构升级之间的关系。由于非理性预期，当宏观经济不景气时，个体会对未来经济做出超出实际的悲观预判而过度忧虑，增加储蓄、减少消费，导致消费紧缩（Ludvigson，2004），从而影响企业的经营，导致企业降低劳动力的收入和需求。而常规低技能的劳动力收入本身较低，由于最低工资限制，其工资不太可能再被降低，因此企业会选择将其裁员，从而降低了常规低技能劳动力的占比。

其次，宏观经济环境会通过劳动力市场配置影响信息化建设与人力资本结构升级之间的关系。在宏观经济学中，失业通常被区分为摩擦性失业、结构性失业和周期性失业三种形式。其中，当技术进步和产业结构调整导致一部分劳动者的技能无法适应新的岗位需要时，就产生了结构性失业。宏观经济不景气会加剧劳动力的技能水平和就业岗位需求的不匹配，而常规低技能劳动力因缺乏适应新岗位的新技能，应对宏观经济不景气的能力较弱，更容易因错配导致失业（姚毓春等，2014）。

最后，宏观经济环境会通过企业破坏性创新影响信息化建设与资产评估机构人力资本结构升级之间的关系。根据熊彼特的破坏性创新理论，宏观经济的不景气一方面会降低企业投资于创新品的机会成本（Hall，2005），有助于推动企业创新和技术进步，新技术将替代常规低劳动力，减少常规低技能劳动力的需求，并增加非常规劳动力的需求，从而促进人力资本结构升级。另一方面，会加速生产率较低的企业被淘汰，而且企业为了应对宏观经济不景气，会将提高企业战略从扩大规模转向提高生产效率（Koenders 和 Rogerson，2005），优化组织结构，从而促进人力资本结构升级。

基于此，本章在模型（6-1）中分别加入年度全国宏观经济景气指数（*PRO*）与信息化建设支出（*IT*）以及三类信息化分项支出（*IT*1、*IT*2、*IT*3）的交乘项，以进一步考察宏观经济景气程度和信息化建设的交互项对资产评估机构人力资本升级的影响。

表6-13 的回归结果显示，*PRO*IT*、*PRO*IT1*、*PRO*IT2*、*PRO*IT3* 的回归系数在非常规高技能占比组中显著为负，这说明当宏观经济不景气时，信息化建设提高非常规高技能劳动力占比的作用更强，符合我们的理论预期。当宏观经济不景气时，信息化建设对资产评估机构人力资本结构升级的影响更为显著。

表6-13　宏观经济的影响

变量	（1） *NonRoutine*	（2） *NonRoutine*	（3） *NonRoutine*	（4） *NonRoutine*
*PRO*IT*	−0.001** （−2.152）			
IT	0.122** （2.530）			
*PRO*IT1*		−0.003** （−2.193）		
IT1		0.302** （2.503）		
*PRO*IT2*			−0.001** （−2.079）	
IT2			0.084*** （2.895）	
*PRO*IT3*				−0.003*** （−2.903）
IT3				0.316** （2.000）

续表

变量	（1）	（2）	（3）	（4）
	NonRoutine	NonRoutine	NonRoutine	NonRoutine
PRO	0.006 （0.808）	0.004 （0.548）	0.003 （0.465）	0.017 （0.682）
Asset	0.008 （0.864）	0.008 （0.886）	0.008 （0.888）	0.009 （1.314）
Age	0.056*** （4.362）	0.057*** （4.499）	0.056*** （4.453）	0.045*** （6.808）
Leverage	−0.129*** （−2.956）	−0.125*** （−2.870）	−0.124*** （−2.865）	−0.170*** （−6.055）
ROA	−0.051 （−1.240）	−0.046 （−1.133）	−0.043 （−1.074）	−0.048 （−1.249）
HHI	0.201 （1.570）	0.199 （1.546）	0.198 （1.539）	0.466*** （5.472）
GDPr	−0.003 （−1.224）	−0.003 （−1.203）	−0.003 （−1.215）	0.005 （−1.480）
Minwage	0.002*** （4.811）	0.002*** （4.711）	0.002*** （4.712）	0.003*** （4.617）
Constant	−1.110*** （−3.858）	−0.909*** （−3.094）	−0.850*** （−2.916）	−0.635*** （−3.964）
Year	控制	控制	控制	控制
Area	控制	控制	控制	控制
R^2	0.141	0.139	0.138	0.233
N	300	300	300	300

四、评估机构高管学历的影响

高层管理人员作为企业管理机构的最高层，主要负责企业的日常运营和各项资源的有效配置。Hambrick 和 Mason（1984）提出的高阶梯队理论指出，高层管理人员会根据他们的经验和价值观做出企业的决策和战略选择，进而影响组织结果。该理论主要侧重于一些可观察到的高管背景特征，例如年龄、组织任期、教育水平等，考察高层管理人员及其特征对组织的影响（Finkelstein和Hambrick，2009）。近年来，越来越多的实证研究也证实了高层管理人员在塑造组织结果方面所发挥的关键作用。那么信息化建设对资产评估机构人力资本结构升级的影响，在不同高层管理人员教育背景下可能会有所差异。

　　一方面，孔东民和胡福丽（2019）的研究发现，高层管理人员作为企业劳动力投资的决策者，其个人特征显著影响了劳动力投资效率，其中受教育水平高的高管能够显著提高企业的劳动力投资效率，优化企业的人力资本配置。因此，资产评估机构中受教育水平更高的高层管理人员可能拥有更丰富的知识和更长远的眼光，能够更清晰地把握企业发展所需的人力资本，进而进行更为合理的劳动力投资，从而有利于资产评估机构的人力资本结构升级。

　　另一方面，信息技术在企业中的应用需要新思想、新知识和相应的组织变革，对管理者的能力提出了新的要求（Mumford，2000）。教育激发了人们对新技术的接受能力（Damanpour和Schneider，2006），学历则是受教育水平最直接的体现。高管的学历越高，其认知水平、专业技术能力、创新能力以及应对环境变化的能力越强，更有能力理解新思想、吸收新知识，并且使用复杂多样的方法来解决问题和做出决策（Lee等，2005）。因此，如果资产评估机构高管的学历越高，将越有助于信息技术在资产评估机构中的应用，从而推动机构组织结构转型，实现资产评估机构人力资本结构升级。因此，本章认为，信息化建设与资产评估机构人力资本结构升级之间的正向关系在机构高层管理者学历较高时更为显著。

　　基于此，本章在模型（6-1）中分别加入评估机构董事长学历水平（TOP_H）与信息化建设支出（IT）以及三类信息化分项支出（$IT1$、$IT2$、$IT3$）的交乘项，以进一步考察资产评估机构高管的教育水平和信息化建设的交互项对资产评估机构人力资本结构升级的影响。

　　表6-14的回归结果显示，TOP_H*IT、TOP_H*IT1、TOP_H*IT2、TOP_H*IT3的回归系数分别在5%、5%、1%、5%的置信水平上显著为正，说明当资产评估机构高管的教育水平越高时，信息化建设提高非常规高技能劳动力

占比的作用更强，说明信息技术在评估机构作用的发挥不仅依赖各项信息化建设的支出等硬件条件，也会受到资产评估机构管理者知识技能水平的影响。

表6-14　机构高管学历水平的影响

变量	（1） NonRoutine	（2） NonRoutine	（3） NonRoutine	（4） NonRoutine
TOP_H*IT	0.001** （2.121）			
IT	0.003** （2.554）			
TOP_H*IT1		0.006** （2.116）		
IT1		0.016** （2.522）		
TOP_H*IT2			0.002*** （2.941）	
IT2			0.005** （2.239）	
TOP_H*IT3				0.009** （2.347）
IT3				0.034** （2.130）
TOP_H	−0.007*** （−2.884）	−0.006*** （−2.588）	−0.006** （−2.111）	−0.007*** （−2.955）
Asset	0.007 （0.829）	0.007 （0.842）	0.008 （0.862）	0.008 （0.873）
Age	0.056*** （5.007）	0.056*** （5.103）	0.056*** （4.949）	0.056*** （5.050）
Leverage	−0.127*** （−2.667）	−0.126*** （−2.663）	−0.126*** （−2.675）	−0.128*** （−2.692）
ROA	−0.028 （−0.626）	−0.026 （−0.579）	−0.025 （−0.584）	−0.038 （−0.795）
HHI	0.206 （1.603）	0.204 （1.601）	0.204 （1.590）	0.200 （1.592）

变量	（1）	（2）	（3）	（4）
	NonRoutine	*NonRoutine*	*NonRoutine*	*NonRoutine*
GDPr	−0.003 （−1.044）	−0.003 （−1.077）	−0.003 （−1.065）	−0.002 （−0.864）
Minwage	0.002*** （4.688）	0.002*** （4.735）	0.002*** （4.731）	0.002*** （4.660）
Constant	−0.510 （−1.011）	−0.504 （−1.008）	−0.515 （−1.019）	−0.519 （−1.015）
Year	控制	控制	控制	控制
Area	控制	控制	控制	控制
R^2	0.143	0.143	0.142	0.143
N	300	300	300	300

第六节　拓展性检验

一、信息化建设与资产评估机构劳动力规模

上文的实证结果显示，信息化建设提高了资产评估机构的非常规高技能劳动力占比，促进了资产评估机构人力资本结构的升级。那么信息化建设对于资产评估机构的劳动力规模的影响如何？Kim 等（2019）构建了一个关于劳动力技能水平的静态模型，指出新技术对于企业层面的净影响一方面取决于新技术带来的生产率提高，另一方面取决于高技能劳动力与低技能劳动力之间的替代弹性。当弹性大于1且生产率提高到一定阈值时，该模型预测低技能劳动力的减少将超过高技能劳动力的增加。他们对于中国上市公司的实证研究发现，新技术带来的生产率提高水平到达一定阈值时，低技能劳动力的减少将多于高技能劳动力的增加，从而降低企业总体的就业水平。然而，这一基于我国上市公司数据的研究发现是否适用于我国资产评估行业，仍有待考察。

　　基于此，本章对资产评估机构员工总数取自然对数，用以衡量资产评估机构的员工规模，并基于模型（6-1），进一步检验了信息化建设对资产评估机构劳动力规模的影响，回归结果列示在表6-15。实证结果表明，*IT*、*IT*1、*IT*2、*IT*3的回归系数在5%、5%、5%、10%的置信水平上显著为正，说明信息化建设显著增加了资产评估机构的整体员工规模，从而有利于扩大资产评估行业的规模和影响。

表6-15　信息化建设与资产评估机构劳动力规模

变量	（1）	（2）	（3）	（4）
	员工规模	员工规模	员工规模	员工规模
IT	0.003** （2.219）			
IT1		0.022** （2.044）		
IT2			0.004** （2.276）	
IT3				0.007* （1.703）
Asset	0.322*** （3.349）	0.320*** （3.425）	0.322*** （3.365）	0.323*** （3.224）
Age	−0.234*** （−4.917）	−0.235*** （−4.933）	−0.234*** （−4.896）	−0.234*** （−4.925）
Leverage	0.014 （0.275）	0.015 （0.288）	0.015 （0.289）	0.013 （0.252）
ROA	−0.092 （−0.705）	−0.089 （−0.741）	−0.091 （−0.762）	−0.096 （−0.782）
HHI	−0.353*** （−3.150）	−0.346*** （−3.276）	−0.357*** （−3.143）	−0.362*** （−3.199）
GDPr	0.022 （0.301）	0.021 （0.279）	0.022 （0.206）	0.022 （0.233）
Minwage	−0.001** （−2.303）	−0.001** （−2.216）	−0.001** （−2.373）	−0.001** （−2.040）

变量	（1）	（2）	（3）	（4）
	员工规模	员工规模	员工规模	员工规模
Constant	−1.668 （−1.605）	−1.640 （−1.571）	−1.670 （−1.610）	−1.700* （−1.651）
Year	控制	控制	控制	控制
Area	控制	控制	控制	控制
R^2	0.431	0.431	0.431	0.431
N	300	300	300	300

第七节　本章小结

人力资本是提高资产评估机构竞争力，实现资产评估机构行业发展的最重要因素。科技的进步与劳动力市场人力资本结构的变化也越来越受到实务界和学术界的关注。然而，还未有从金融中介机构视角切入，探讨信息技术对人力资本结构影响的研究。本章选用2014—2018年69家证券业资产评估机构为研究对象，实证分析了信息化建设对资产评估机构人力资本结构升级的影响。研究发现，信息化建设显著增加了资产评估机构的非常规高技能劳动力占比，促进了资产评估机构的人力资本结构升级，且不同类别的信息化建设支出均在一定程度上发挥了作用。进一步分析表明，信息化建设对于人力资本结构升级的影响效应在地区市场化程度高、机构高管学历水平高、行业竞争性强、宏观经济不景气时更为显著。拓展性检验发现，信息化建设通过提高非常规高技能劳动力占比最终增加了资产评估机构的劳动力规模。

本章的结论丰富了信息技术与资产评估领域的有关研究，并且具有较强的现实意义和政策意义。本章证明了信息化建设对于优化资产评估机构的人力资本结构具有重要作用，肯定了资产评估行业加快信息化建设，向数字化、网络化、智能化方向转型升级的政策意义。文章的研究结论也有助于政府和资产评估协会以及相关资产评估机构增进对当前与信息技术融合下的行业发展中劳动力市场变化的了解，从而为制定相关市场政策、信息化政策和劳动力就业政策提供借鉴，为资产评估行业进一步以信息化引领和开创行业发展新局面提供启示。

第七章
结　语

本章包括三个部分，一是研究结论，二是政策启示，三是研究局限与未来研究方向。在研究结论部分，本章对全书的研究内容进行系统总结，以对全书有全面了解。在研究结论部分，本章根据本书的研究结论提出政策启示，以期对相关政策部门提供政策建议。最后，本章根据本书的研究内容指出研究局限，并提出未来的研究方向。

第一节　研究结论

本书在国内外学者关于信息化建设经济后果和资产评估相关的实证研究基础上，参考已有实证分析方法及分析结果，根据资产评估行业和信息化建设的发展现状，基于交易成本理论、资源基础理论和技能偏向型技术进步理论，分别实证分析了信息化建设对资产评估机构的运营效率、市场业绩和人力资本结构升级三个方面的影响，并得到以下结论。

首先，本书基于运营效率视角考察了信息化建设对资产评估行业发展的影响。在我国进入转变发展方式、优化经济结构、转换增长动力的关键时期，面临传统要素优势下降和国际竞争加剧双重压力的背景下，研究如何提高资产评估机构的运营效率对于资产评估行业合理有效配置各类资源，提高执业质量，促进人才和机构成长，提升行业水平和公信力具有重要意义。为此，本书首先研究了信息化建设和资产评估机构运营效率的关系，并考察了空气污染、资产评估机构人力资本水平、评估机构业务增长机会和评估机构规模对二者关系的影响。通过实证分析发现：信息化建设与资产评估机构运营效率显著正相关，且硬件和软件支出、技术开发和技术培训支出、其他信息化支出都对评估机构人均业务收入有显著提升作用，这说明资产评估机构的信息化建设有助于提升运营效率，且不同类别的信息化建设支出均在一定程度上发挥了作用。以上研究结论在经过替换解释变量、控制机构固定效应、处理自选择问题以及倾向得分匹配法等一系列稳健性检验后依然成立。进一步分析发现，在空气污染严重、业务增长机会多、评估机构员工教育水平高、机构规模较大时，信息化建设对资产评估机构运营效率的提升作用更强。

其次，本书基于市场业绩视角考察了信息化建设对资产评估行业发展的影响。市场业绩是企业通过销售产品、提供服务实现的业务收入，是企业盈利的起点（Pritchard，1992；Huselid，2001）。虽然资产评估行业在近年来发展迅速，但是在行业业务收入规模上与注册会计师行业相比还存在很大的差距。对于资产评机构而言，通过提供评估或其他相关服务所获取的业务收入，是其实现盈利和发展壮大的前提。因此，研究如何提高资产评估机构市场业绩，对于资产评估行业实现做优做大做强，从而拓宽资产评估行业的服务领域，提高资产评估行业的综合实力和影响力至关重要。为此，本书研究了信息化建设与资产评估机构市场业绩的关系，并考察了资产评估机构所在地区市场化程度、地区信任度、地区信息基础设施以及资产评估机构人力资本对于二者关系的影响。实证研究表明，信息化建设与资产评估机构市场业绩显著正相关，并且硬件和软件支出、技术开发和技术培训支出、其他信息化支出都对资产评估机构人均业务收入有显著提升作用，这说明评估机构信息化建设有助于提升市场业绩，且不同类别的信息化建设支出均在一定程度上发挥了作用。以上研究结论在替换解释变量、控制机构固定效应以及处理自选择问题等一系列稳健性测试后依然成立。进一步分析结果表明，资产评估机构所在地区市场化程度高、地区社会信任度较好、地区信息基础设施更完备、资产评估机构人力资本水平较高时，资产评估机构信息化建设水平对市场业绩的提升作用更强。

最后，本书基于人力资本结构升级视角考察了信息化建设对资产评估行业发展的影响。人力资本是决定企业竞争成功的最重要因素。资产评估专业人员参与资产评估实践活动的全过程，他们的知识技能、风险意识水平、执业能力和职业道德素养关系到评估业务的质量，甚至影响整个资产评估行业的持续健康发展。因此，促进资产评估机构人力资本结构升级对于加强资产评估行业人才队伍建设，提高行业执业质量和核心竞争力，推动资产评估行业发展至关重要。为此，本书研究了信息化建设与资产评估机构人力资本结构升级的关系，并考察了地区市场化程度、行业竞争度、宏观经济景气程度，以及资产评估机构高管学历水平对于二者关系的影响。实证研究表明，信息化建设可以促进资产评估机构人力资本结构升级，且硬件和软件支出、技术开发和技术培训支出、其他信息化支出都对资产评估机构人力资本结构升级具有显著的促进作用。以上研究结论在经过替换解释变量、控制机构固定效应、工具变量法以及处理自选择问题等稳健性检验后依然成立。进一步分析表明，信息化建设对于人力资本结构升级的影响效应在地区市场化程度高、机构高管学历水平高、行业竞争性强、宏观经济不景气时更为显著。拓展性检验发现，信息化建设促使资产评估机构增加了劳动力的规模。

第二节　政策启示

本书的研究结论证明了信息化建设对于资产评估机构的运营效率、市场业绩和人力资本结构升级具有积极作用，肯定了资产评估行业加快与信息技术融合，向数字化、网络化、智能化方向转型升级的政策意义，也为资产评估行业如何进一步以信息化引领和开创行业发展新局面提供了启示。

首先，以互联网、大数据、云计算等为主要特征的信息化时代为各行各业带来了前所未有的影响，本书从资产评估机构视角研究信息化建设对资产评估行业发展的影响，有助于推动行业信息化建设。本书发现信息化建设有利于提高资产评估机构的运营效率、市场业绩，促进人力资本结构升级，而且硬件和软件支出、技术开发和技术培训支出和其他信息化支出这三类支出均发挥了一定的作用。因此，加强资产评估机构的信息化建设可以促进资产评估行业实现转型升级，推动资产评估行业持续发展。那么，本书的研究能够提高资产评估行业乃至其他金融中介行业在信息化建设上的关注和重视程度。

其次，促进资产评估行业转型升级，推动资产评估行业持续发展是行业信息化建设的重要目标。我们的研究结论从资产评估机构的运营效率、市场业绩和人力资本结构视角为这一命题提供了参考和数据支持。其一，本书研究发现信息化建设有利于提高资产评估机构市场业绩，这对资产评估行业进一步做优做大做强，拓宽资产评估行业的服务领域，提高资产评估行业的综合实力和影响力具有重要的启示。地区基础设施、地区社会信任和评估机构人力资本水平的提高会增大信息化建设提高资产评估机构市场业绩的作用。因此，资产评估行业在推动信息化建设时，也应重点完善涵盖中评协、地方协会以及各地资产评估机构的行业网络系统，建设集服务、自律、协调和监督一体的信息化基础设施，推动互联网、大数据、人工智能和资产评估行业发展相融合；同时要积极构建以信任为核心价值观的企业文化，促进信任和共同理解；此外，注重对高学历人才的引进，以放大信息化建设为资产评估机构所带来的的竞争优势，促进评估机构市场业绩的提升。其二，本书研究发现信息化建设有利于提高资产评估机构运营效率，这对于资产评估行业合理有效配置各类资源，提高行业执业质量，促进行业人才和机构成长，提升行业水平和公信力具有重要意义。资产评估机构人力资本水平的提高会增强信息化建设提高资产评估机构运营效率的作用。因此，资产评估行业要注重培养从业人员对于信息技术的利用能力，从而加大信息化建设提高资产评估机构运营效率的作用。其三，本书研究发现信息化建设有利于促进资产评估机构人力资本结构升级，这对于加强资产评估行业人才队伍建设，提高行业执业质量和核心竞争力，推动资产评估行业发展至关重要。资产评估机构高管教育水平的提高会增大信息化建设促进资产评估机构人力资本结构升级的作用，故在强化资产评估机构信息化建设的同时，也要注重提高资产评估机构管理者对新技术的接受能力，以最大化发挥信息化建设的作用。

第三节　研究局限与未来研究方向

由于部分客观及主观原因，本书的研究仍然存在一定的局限，有待于未来进一步深入研究，具体如下：

第一，2020年的新冠疫情给世界各国带来前所未有的冲击，也给资产评估行业带来影响，抗疫期间信息化和大数据发挥了重大作用，评估机构纷纷加大信息化建设，在疫情期间不断完善信息化系统，打造新的执业模式，因此可以使用新冠疫情作为准自然实验，检验信息化建设对资产评估行业发展的影响。但是限于信息化建设数据获取的难度，本书的样本区间为2014—2018年，未来有待收集更新数据，以进一步推进研究。

第二，本书对信息化建设与资产评估行业发展关系的研究挖掘不够，具体的影响机理还有待进一步研究。本书研究的出发点是力求从信息化建设分别与资产评估机构的运营效率、市场业绩、人力资本结构升级三个视角做一些深入的实证研究，对应地给出相关的理论解释。研究结果还未能对信息化建设对机构行为影响的相关内在机制做出深入的剖析和实证检验。这既是本书研究的局限也是下一步开展研究的重要方向。

第三，本书关于信息化建设实施影响效果的一系列研究均是基于信息化建设支出进行的，并没有结合衡量信息化建设水平的其他变量。而衡量信息化建设水平还存在不同维度，如信息技术资源的应用能力和管理能力。那么在未来研究中，有待对资产评估机构的信息化建设情况进行深入的调查研究，以检验多个维度的信息化建设对于资产评估行业发展的影响。

第四，本书实证研究的数据基于我国证券业资产评估机构，而评估机构的规模和声誉对于信息化建设的实施有重要的影响，所以本书的论证结果对于非证券业资产评估机构样本能否适用有待进一步考察。

　　第五，本书通过实证分析验证了信息化建设对于资产评估机构运营效率、市场业绩和人力资本结构升级的提升作用，但是信息化建设的实施如何影响其他有关资产评估行业发展的维度，如评估质量、风险承担、创新能力等，本书未进行实证研究，需要进一步研究。

参考文献

［1］陈玉宇，吴玉立.信息化对劳动力市场的影响：个人电脑使用回报率的估计［J］.经济学（季刊），2008，（4）：1149—1166.

［2］翟进步.并购双重定价安排、声誉约束与利益输送［J］.管理评论，2018，（06）：212-226.

［3］丁琳，王会娟.互联网技术进步对中国就业的影响及国别比较研究［J］.经济科学，2020，（01）：72-85.

［4］董祺.中国企业信息化创新之路有多远？——基于电子信息企业面板数据的实证研究［J］.管理世界，2013，（07）：123-129+171.

［5］郭家堂，骆品亮.互联网对中国全要素生产率有促进作用吗？［J］.管理世界，2016，（10）：34-49.

［6］何小钢，梁权熙，王善骝.信息技术、劳动力结构与企业生产率——破解"信息技术生产率悖论"之谜［J］.管理世界，2019，（09）：65-80.

［7］黄群慧，余泳泽，张松林.互联网发展与制造业生产率提升：内在机制与中国经验［J］.中国工业经济，2019，（08）：5-23.

［8］纪益成.论资产评估的基本功能［J］.中国资产评估，2016，（1）：19-25.

［9］李小荣，王田力，马海涛.并购重组中资产评估机构选择存在同行效应吗？［J］.中国软科学，2019，（4）：109-124.

［10］李小荣，王田力，田粟源.资产评估机构评估行为的同行效应研究［J］.当代经济科学，2018，40（1）：62-73+126.

［11］林润辉，谢宗晓，刘孟佳，宋泾溧.大股东资金占用与企业绩效—

内部控制的"消化"作用［J］.经济与管理研究，2015，36（8）：96-106.

［12］刘国超，孙晓凯，迟怡君.新形势下评估准则运行主体及其互动机制研究［J］.中国资产评估，2019，（4）：15-19.

［13］刘明辉，王扬.审计师特征、审计质量与审计师运营效率研究［J］.审计与经济研究，2012，（05）：20-33.

［14］马海涛，李小荣，张帆.资产评估机构声誉与公司并购重组定价［J］.中国软科学，2017，（5）：101-118.

［15］宁光杰，林子亮.信息技术应用、企业组织变革与劳动力技能需求变化［J］.经济研究，2014，（08）：79-92.

［16］邵文波，李坤望.信息技术、团队合作与劳动力需求结构的差异性［J］.世界经济，2014，（11）：72-99.

［17］邵文波，盛丹.信息化与中国企业就业吸纳下降之谜［J］.经济研究，2017，（06）：120-136.

［18］施炳展，李建桐.互联网是否促进了分工：来自中国制造业企业的证据［J］.管理世界，2020，（04）：130-149.

［19］石大千，李格，刘建江.信息化冲击、交易成本与企业TFP——基于国家智慧城市建设的自然实验［J］.财贸经济，2020，41（3）：117-130.

［20］宋顺林，翟进步.大股东操纵资产评估价格了吗？——来自股改后资产注入的经验证据［J］.经济管理，2014，36（9）：145-155.

［21］孙会霞，王冷月，翟进步.评估实务中特殊风险因子的理论内涵与影响因素研究——基于医疗保健行业数据［J］.中国资产评估，2019，（2）：41-48.

［22］孙琳琳，郑海涛，任若恩.信息化对中国经济增长的贡献：行业面板数据的经验证据［J］.世界经济，2012，（02）：3-25.

［23］陶爱萍，钱星星，吴文韬.外资进入、市场化与技能溢价［J］.经济与管理评论，2020，36（6）：64-75.

［24］汪淼军，张维迎，周黎安.信息化、组织行为与组织绩效：基于浙江企业的实证研究［J］.管理世界，2007，（04）：96-104+129+172.

［25］汪淼军，张维迎，周黎安.信息技术、组织变革与生产绩效——关于企业信息化阶段性互补机制的实证研究［J］.经济研究，2006，（01）：65-77.

［26］王竞达，瞿卫菁.创业板公司并购价值评估问题研究——基于我国2010、2011年创业板公司并购数据分析［J］.会计研究，2012，（10）：26-34+95.

［27］王永进，匡霞，邵文波.信息化、企业柔性与产能利用率［J］.世界经济，2017，（01）：67-90.

［28］谢纪刚，张秋生.股份支付、交易制度与商誉高估——基于中小板公司并购的数据分析［J］.会计研究，2013，（12）：47-52.

［29］徐少俊，郑江淮.信息化引致中国劳动力市场极化了吗？——多层次技能深化假说与检验［J］.经济问题探索，2020，（07）：157-167.

［30］杨德明，刘泳文."互联网＋"为什么加出了业绩［J］.中国工业经济，2018，（05）：80-98.

［31］杨飞.市场化、技能偏向性技术进步与技能溢价［J］.世界经济，2017，（2）：78-100.

［32］杨志明，施超.中国资产评估行业信息化建设现状分析及发展建议［J］.中国资产评估，2010，（9）：16-20.

［33］张三峰，魏下海.信息与通信技术是否降低了企业能源消耗——来自中国制造业企业调查数据的证据［J］.中国工业经济，2019，（02）：155-173.

［34］赵烁，施新政，陆瑶，刘心悦.兼并收购可以促进劳动力结构优化升级吗？［J］.金融研究，2020，（10）：150-169.

［35］杨世信，刘运国，蔡祥.组织特征与会计师事务所效率实证研究——基于事务所微观层面的数据［J］.审计研究，2018，（01）：111-119.

［36］卢太平，张东旭.会计师事务所运营效率影响因素研究——基于DEA-Tobit研究框架［J］.审计研究，2014，（01）：88-95.

［37］陈硕，陈婷.空气质量与公共健康：以火电厂二氧化硫排放为例［J］.经济研究，2014，（08）：158-169+183.

［38］韩超，张伟广，冯展斌.环境规制如何"去"资源错配——基于中国首次约束性污染控制的分析［J］.中国工业经济，2017，（04）：115–134.

［39］李卫兵，张凯霞.空气污染对企业生产率的影响——来自中国工业企业的证据［J］.管理世界，2019，（10）：95–112+119.

［40］叶康涛，孙苇杭.会计软件采用与企业生产率——来自非上市公司的证据［J］.会计研究，2019，（01）：45–52.

［41］杜振华."互联网+"背景的信息基础设施建设愿景［J］.改革，2015，（10）：113–120.

［42］李坤望，邵文波，王永进.信息化密度、信息基础设施与企业出口绩效——基于企业异质性的理论与实证分析［J］.管理世界，2015，（04）：52–65.

［43］郭弘卿，郑育书，林美凤.会计师事务所人力资本与薪资对其经营绩效之影响［J］.会计研究，2011，（09）：80–88+97.

［44］孔东民，胡福丽.高管特征与劳动投资效率［J］.财会月刊，2019，（12）：29–35.

［45］樊纲，王小鲁，朱恒鹏.中国市场化指数.各省区市场化相对进程2011年度报告［M］.经济科学出版社，2011.

［46］陈安平.经济增速放缓与区域动态调节［J］.经济学报，2020，7（03）：141–167.

［47］姚毓春，袁礼，王林辉.中国工业部门要素收入分配格局——基于技术进步偏向性视角的分析［J］.中国工业经济，2014，（08）：44–56.

［48］曾昌礼，李江涛，张敏.会计师事务所信息化建设能够提升审计效果吗？［J］.会计研究，2018，（6）：3–11.

［49］曾建光，王立彦，徐海乐.ERP系统的实施与代理成本——基于中国ERP导入期的证据［J］.南开管理评论，2012，（03）：131–138.

［50］Acemoglu D, Autor D. Skills, Tasks and Technologies：Implications for Employment and Earnings – ScienceDirect［J］. Handbook of Labor Economics, 2011, 4：1043–1171.

［51］Acemoglu D, Autor D, Dorn D, Hanson G H, Price B. Return of the Solow Paradox?IT, Productivity, and Employment in US Manufacturing［J］. American Economic Review, 2014, 104（5）: 394-399.

［52］Acemoglu D, Pol Antràs, Helpman E. Contracts and Technology Adoption［J］. American Economic Review, 2007, 97（3）: 916-943.

［53］Acemoglu D, Restrepo P. Artificial Intelligence, Automation and Work in Ajay Agrawal, Joshua Gans and Avi Goldfarb［J］. The Economics ofartificial Intelligence: An Agenda, Chicago, 2019.

［54］Acemoglu D. Directed Technical Change［J］. Review of Economic Studies, 2002a, 69（4）: 781-809.

［55］Acemoglu D. Patterns of Skill Premia［J］. Review of Economic Studies, 2003, 70（2）: 199~230.

［56］Acharya R C. ICT Use and Total Factor Productivity Growth: Intangible Capital or Productive Externalities?［J］. Oxford Economic Papers, 2015.

［57］Ackerman R. Vanguard Thinks Online With Targeted Ads［J］. Money Management Executive, 2010.

［58］Aghion P, Akcigit U, Howitt P. What Do We Learn From Schumpeterian Growth Theory?［OL］. NBE R Working Paper, No. 18824, 2013.

［59］Ansari A, Mela C F. E-Customization［J］. Journal of Marketing, 2003, 40（2）: 131-145.

［60］Aral S, Brynjolfsson E, Wu D J. Which Came First, it or Productivity? Virtuous Cycle of Investment and Use in Enterprise Systems［C］. Proceedings of the International Conference on Information Systems, 2006.

［61］Aral S, Weill P. IT Assets, Organizational Capabilities, and Firm Performance: How Resource Allocations and Organizational Differences Explain Performance Variation［J］. Organization Science, 2007, 18（5）: 763-780.

［62］Armstrong C, Sambamurthy V. Information Technology Assimilation in Firms: The Influence of Senior Leadership and IT Infrastructures［J］. Information

Systems Research, 1999, 10（4）：304-327.

［63］Autor D H, Katz L F, Krueger A B. Computing Inequality：Have Computers Changed the Labor Market?* ［J］. Quarterly Journal of Economics（4）：4.

［64］Autor D H, Levy F, Murnane R J. The Skill Content of Recent Technological Change：An Empirical Exploration ［J］. Nber Working Papers, 2003, 118（4）：1279-1333.

［65］Autor, David H, Dorn. The Growth of Low-Skill Service Jobs and the Polarization of the US Labor Market. ［J］. American Economic Review, 2013, 103：1553-1597.

［66］Babakus E, Bienstock C C, Van Scotter J R. Linking Perceived Quality and Customer Satisfaction to Store Traffic and Revenue Growth ［J］. Decision Sciences, 2004, 35（4）：713-737.

［67］Baker P. Proctor&Gamble CIO Filippo Passerini on Global Business ［OL］. http：//authorpambaker.com/upd/Proctor%20&%20Gamble%20Scales%20New%20Heights.pdf, 2005.

［68］Banker R D, Bardhan I, Asdemir O. Understanding the Impact of Collaboration Software in Product Design and Development ［J］. Information Systems Research, 2006, 17（4）：352-373.

［69］Banker R D, Chang H, Cunningham R. The Public Accounting Industry Production Function ［J］. Journal of Accounting and Economics, 2003, 35（2）：255-281.

［70］Banker R D, Chang H, Natarajan R. Productivity Change, Technical Progress, and Relative Efficiency Change in the Public Accounting Industry ［J］. Management Science, 2005, 51（2）：291-304.

［71］Bardhan I R. Toward a Theory to Study the Use of Collaborative Product Commerce for Product Development ［J］. Information Technology and Management, 2007, 8（2）：167-184.

［72］Barney J B. Firm Resources and Sustained Competitive Advantage ［J］.

Advances in Strategic Management, 1991, 17（1）: 3–10.

［73］Barney J B. Gaining and Sustaining Competitive Advantage［J］. Upper Saddle River, NJ: Prentice–Hall, Inc, 1997, 222（3）: 361–369.

［74］Barney, J. Firm Resources and Sustained Competitive Advantage［J］. Journal of Management, 1991, 17（1）: 99–120.

［75］Barua A, Kriebel C H, Mukhopadhyay T. Information Technology and Business Value: An Empirical Investigation［J］. Information Systems Research, 1995, 6（1）: 3–23.

［76］Basu S, Fernald J. Information and Communications Technology as a General–Purpose Technology: Evidence from US Industry Data［J］. German Economic Review, 2007, 8（2）.

［77］Berman E, Bound J, Griliches Z. Changes in the Demand for Skilled Labor within U.S. Manufacturing Industries: Evidence from the Annual Survey of Manufacturing［J］. Social Science Electronic Publishing, 1994, 109（2）: 367–97.

［78］Bharadwaj A S. A Resource–Based Perspective on Information Technology Capability and Firm Performance: An Empirical Investigation［J］. Mis Quarterly, 2000, 24（1）: 169–196.

［79］Bharadwaj S, Varadarajan P R, Fahy J. Sustainable Competitive Advantage in Service Industries: A Conceptual Model and Research Propositions ［J］. Journal of Marketing, 1993, 57（10）, 1993, 83–99.

［80］Black S E, Lynch L M. How To Compete: The Impact of Workplace Practices and Information Technology on Productivity［J］. The Review of Economics and Statistics, 2001, 83.

［81］Bloch M, Lempres E. From Internal Service Provider to Strategic Partner: An Interview with the Head of Global Business Services at P&G［J］. McKinsey Quarterly, 2008, 6: 1–9.

［82］Bodnar G M, Gebhardt G. Derivatives Usage in Risk Management by US and German Non–Financial Firms: A Comparative Survey［J］. Journal of

International Financial Management and Accounting, 1999, 10（3）: 153–187.

［83］Borjas G J. The Labor–Market Impact of High–Skill Immigration［J］. American Economic Review, 2005, 95（2）.

［84］Brazel J F, Agoglia C P. An Examination of Auditor Planning Judgements in a Complex Accounting Information System Environment［J］. Contemporary Accounting Research, 2007, 24（4）: 1059–1083.

［85］Bresnahan T, Brynjolfsson E, Hitt L M. Information Technology, Workplace Organization and the Demand for Skilled Labor: Firm–Level Evidence ［J］. Quarterly Journal of Economics, 2002, 117（1）: 339–376.

［86］Bresnahan T, Greenstein S, Flamm B K. Technical Progress in Computing and in the Uses of Computers［J］. Brookings Papers on Economic Activity Microeconomics, 1996: 1–83.

［87］Brynjolfsson E, Hitt L M. Beyond the productivity paradox［J］. Communications of the Acm, 2000, 9（2）: 128–128.

［88］Brynjolfsson E, Hitt L M. Computing Productivity: Firm–Level Evidence［J］. Review of Economics and Statistics, 2003, 85（4）: 793–808.

［89］Brynjolfsson E, Hitt L M. Information Technology as a Factor of Production: The Role of Differences among Firms［J］. Economics of Innovation and New technology, 1995, 3（3–4）: 183–200.

［90］Brynjolfsson E, Hitt L. Paradox Lost? Firm level Evidence on the Returns to Information Systems Spend ing, Management Science, 1996, 42（4）: 541–558

［91］Brynjolfsson E, Hu Y J, Smith M D. Consumer Surplus in the Digital Economy: Estimating the Value of Increased Product Variety at Online Booksellers ［J］. Management Science, 2003, 49.

［92］Brynjolfsson E. The Contribution of Information Technology to Consumer Welfare［J］. Information Systems Research, 1996, 7（3）: 281–300.

［93］Brynjolfsson E. The Productivity Paradox of Information Technology

［J］. Communications of the ACM，1993.

［94］Burkhardt M，Brass D. Changing Patterns or Patterns of Change：The Effects of a Change in Technology on Social Network Structure and Power ［J］. Administrative Science Quarterly，1990，35（1）：104–127.

［95］Carmel E，Agarwal R. The Maturation of Offshore Sourcing of Information Technology Work ［J］. MIS Quarterly Executive，2002，1（2）：65–77.

［96］Caroli E，Reenen J V. Skill–biased Organizational Change? Evidence from a Panel of British and French Establishments ［J］. Quarterly Journal of Economics，116（4）：1449–92.

［97］Chen Y，Zhu J. Measuring Information Technology's Indirect Impact on Firm Performance ［J］. Information Technology and Management，2004，5（1–2）：9–22.

［98］Cheng Q，Goh B W，Kim J B. Internal Control and Operational Efficiency ［J］. Contemporary Accounting Research，2018，35（2）：1102–1139.

［99］CLin C L，Chen Y S. Human capital and operating performance ［J］. Chiao Da Management Review，2009，29（2）：83–130.

［100］Coates T T，Mcdermott C M. An Exploratory Analysis of New Competencies：A Resource Based View Perspective ［J］. Journal of Operations Management，2002，20（5）：435–450.

［101］Cohen W M，Levin R C. Empirical Studies of Innovation and Market Structure ［J］. Handbook of Industrial Organization，1989，2（2）：1059–1107.

［102］Colecchia A，Schreyer P. ICT Investment and Economic Growth in the 1990s：Is the United States a Unique Case? A Comparative Study of Nine OECD Countries ［J］. Review of Economic Dynamics，2002，5（2）：408–442.

［103］Copeland D G，McKenney J L. Airline Reservation Systems：Lessons from History ［J］. MIS Quarterly，1988，12（3）：353–70.

［104］Dedrick J，Gurbaxani V，and Kraemer K L. Information Technology and Economic Performance: A Critical Review of Empirical Evidence [J]. ACM Computing Surveys, 2003, 35（1）: 1–28.

[105] Dedrick J, Kraemer K L, and Shih E. Information Technology and Productivity in Developed and Developing Countries [J]. Journal of Management Information Systems, 2013, 30（1）: 97–122.

[106] Devaraj S, Kohli R. Performance Impacts of Information Technology: Is Actual Usage the Missing Link? [J]. Management Science, 2003, 49（3）: 273–289.

[107]Dewan S, and Kraemer K L. Information Technology and Productivity: Evidence from Country–level Data [J]. Management Science, 2000, 46（4）: 548–562.

[108] Dierickx I, and Cool K. Asset Stock Accumulation and Sustainability of Competitive Advantage [J]. Management Science, 1989, 35（12）, 1504–1512.

[109] Duncan N. Capturing Flexibility of Information Technology Infrastructure: A Study of Resource Characteristics and Their Measure [J]. Journal of Management Information Systems, 1995: 37–56.

[110] Dyer J H, Singh H. The Relational View: Cooperative Strategy and Sources of Interorganizational Competitive Advantage [J]. Academy of Management Review, 1998, 23（4）: 660–679.

[111] Edwards P, Peters M, Sharman G. The Effectiveness of Information Systems in Supporting the Extended Supply Chain [J]. Journal of Business Logistics, 2011, 22（1）: 1–27.

[112] Feng M, Li C, Mcvay S. Internal Control and Management Guidance [J]. Journal of Accounting and Economics, 2009, 48（2–3）: 190–209.

[113] Finkelstein S, Hambrick D C. Top–Management–Team Tenure and Organizational Outcomes: The Moderating Role of Managerial Discretion [J]. Administrative Science Quarterly, 1990, 35（3）.

[114] Forman C. The Corporate Digital Divide: Determinants of Internet

Adoption［J］. Management Science, 2005, 51（4）: 641–654.

［115］Fornell C, Mithas S, Morgeson F V, Krishnan M S. Customer Satisfaction and Stock Prices: High Returns, Low Risk［J］. Social Science Electronic Publishing, 2006, 70（1）: 3–14.

［116］Fornell C, Mithas S, Morgeson F V. The Economic and Statistical Significance of Stock Returns on Customer Satisfaction［J］. Marketing Science, 2009, 28（5）: 820–825.

［117］Goos M, Manning A. Lousy and Lovely Jobs: The Rising Polarization of Work in Britain［J］. Review of Economics and Statistics, 2007: 118–133.

［118］Grover V, Ramanlal P. Six Myths of Information and Markets: Information Technology Networks, Electronic Commerce, and the Battle for Consumer Surplus［J］. MIS quarterly, 1999, 23（4）: 465–495.

［119］Grover, V, Ramanlal P. Digital Economics and the e–Business Dilemma［J］. Business Horizons, 2004, 47（4）: 71–80.

［120］Gu W, Gera S. The Effect of Organizational Innovation and Information Technology on Firm Performance［J］. Social Science Electronic Publishing, 2005, 9: 37–51.

［121］Gurbaxani V, Whang S. The Impact of Information Systems on Organizations and Markets［J］. Communications of the Association for Computing Machinery, 1991, 34（1）: 59–73.

［122］Hall R E. Employment Fluctuations with Equilibrium Wage Stickiness［J］. The American Economic Review, 2005, 95（1）: 50–65.

［123］Hambrick D C. The Organization as a Reflection of Its Top Managers.［J］. The Academy of Management Review, 1984, 2: 193–206.

［124］Hambrick D C. The Top Management Team: Key to Strategic Success［J］. California Management Review, 1987.

［125］Han K, Kauffman R J, Nault B R. Returns to Information Technology Outsourcing［J］. Information Systems Research, 2011, 22（4）: 824–840.

［126］Harris, Sidney E, Katz, Joseph L. Firm Size and the Information Technology Investment Intensity of Life Insurers. ［J］.MIS Quarterly, 1991.

［127］Heckman J J. China's Investment in Human Capital ［J］. Economic Development and Cultural Change, 2003, 51（4）: 795–804.

［128］Hendricks K B, Singhal V R, Stratman J K. The Impact of Enterprise Systems on Corporate Performance: A study of ERP, SCM, and CRM System Implementations ［J］. Journal of Operations Management, 2007, 25（1）: 65–82.

［129］Hershbein B, Kahn L B. Do Recessions Accelerate Routine–Biased Technological Change? Evidence from Vacancy Postings ［J］. American Economic Review, 2016, 108: 1737–1772.

［130］Hitt L M, Brynjolfsson E. Productivity, Business Profitability, and Consumer Surplus: Three Different Measures of Information Technology Value. ［J］. MIS Quarterly, 1996, 20（2）: 1–142.

［131］Hitt L M, Zhou W X. Investments in Enterprise Resource Planning: Business Impact and Productivity Measures ［J］. Journal of Management Information Systems, 2002, 19（1）: 71–98.

［132］Homburg C, Hoyer W D, Fassnacht M. Service Orientation of a Retailer's Business Strategy: Dimensions, Antecedents, and Performance Outcomes ［J］. Journal of Marketing, 2002, 66（4）: 86–101.

［133］Hovelja T. Information Technology Deployment in a Transition Economy: Results from Slovenia ［J］. Economic Annals, 2009, 54（183）: 56–88.

［134］Huber G P. The Nature and Design of Post–Industrial Organizations［J］. Management Science, 1984, 30（8）: 928–951.

［135］Ilebrand N, Mesoy T, Vlemmix R. Using IT to Enable a Lean Transformation ［J］. Mckinsey Quarterly, 2010, 18: 1–3.

［136］Jaimovich N, Siu H E. Job polarization and jobless recoveries ［R］. National Bureau of Economic Research, 2012.

［137］Jaworski B J, Kohli A K. Market Orientation: Antecedents and

Consequences［J］. Journal of Marketing, 1993, 57（3）: 53-70.

［138］Jensen M, Meckling W. Knowledge, Control and Organizational Structure: Parts I and II［J］.Contract economics, 1992: 251-74.

［139］Jia N, Rai A, Xu S X. Reducing Capital Market Anomaly: The Role of Information Technology Using an Information Uncertainty Lens［J］. Management Science, 2019, 66（2）.

［140］Jorgenson D W, Vu K. Latin America and the world economy ［J］. Innovation and economic development: The impact of information and communication technologies in Latin America, Cimoli, Hofman and Mulder, （eds.）: Cheltenham［ua］: Elgar, 2010: 19-42.

［141］Katz L F, Margo R A. Technical Change and the Relative Demand for Skilled Labor: The United States in Historical Perspective［J］. NBER Chapters, 2014.

［142］Kauffman R J, Weill P. An Evaluative Framework for Research on the Performance Effects of Information Technology Investment［C］. Proceedings of the 10th International Conference on Information Systems, Boston, MA, 1989.

［143］Kim E H, Li B Y, Lu Y. How Seasoned Equity Offerings Affect Firms: Evidence on Technology, Employment, and Performance［J］. Social Science Electronic Publishing, 2018.

［144］King J. Premier 100 Best in Class: Verizon Wireless［OL］. Computerworld, (http: //www.computerworld.com/s/article/324221/The_Power_ of_One), 2008.

［145］Klein A. Economic Determinants of Audit Committee Independence ［J］. Accounting Review, 2002, 77（2）: 435-452.

［146］Koenders K, Rogerson R. Organizational dynamics over the business cycle: a view on jobless recoveries［J］. Review, 2005, 87（4）: 555-580.

［147］Kohli R. Innovating to Create IT-Based New Business Opportunities at United Parcel Service［J］. Mis Quarterly Executive, 2007, 6（4）: 199-210.

[148] Krueger A B. How Computers Have Changed the Wage Structure: Evidence From Microdata, 1984–1989 [J]. Quarterly Journal of Economics, 1993, 108 (1): 33–60.

[149] Lee S Y T, Gholami R, Tong T Y. Time Series Analysis in the Assessment of Ict Impact at The Aggregate Level–lessons and Implications for the New Economy [J]. Information and Management, 2005, 42 (7): 1009–1022.

[150] Lee S Y T, Guo X J. Information and Communications Technology (ICT) and Spillover: A Panel Analysis [OL]. National University of Singapore, Working Paper, 2010.

[151] Loveman G W. An Assessment of the Producticity Impact of the Information Technologies [J]. Information Technology and the Corporation of the 1990s: Research studies, 1994, 84: 110.

[152] Malhotra A, Gosaln S, Sawy O A E. Absorptive Capacity Configurations in Supply Chains: Gearing for Partner–Enabled Market Knowledge Creation [J]. MIS quarterly, 2005, 29 (1): 145–187.

[153] Manyika J M, Nevens T M, Technology after the bubble [J]. Mckinsey Quarterly, 2002, 16–27.

[154] Marshall C, Prusak L, Shpilberg D. Financial Risk and the Need for Superior Knowledge Management [J]. California Management Review, 38 (3), Spring 1996: 77–101.

[155] Matusik S F, Hill C W. The Utilization of Contingent Work, Knowledge Creation, and Competitive Advantage [J]. The Academy of Management Review, 1998, 23 (4): 680–697.

[156] Mckenney J L, Mason R O, Copeland D C. Waves of Change: Business Evolution through Information Technology [M]. Harvard Business School Press, 1995.

[157] Melville N, Gurbaxani K V. Review: Information Technology and Organizational Performance: An Integrative Model of IT Business Value [J]. Mis

Quarterly, 2004, 28（2）: 283-322.

［158］Meuter M L, Ostrom A L, Bitner R M J. Self-Service Technologies: Understanding Customer Satisfaction with Technology-Based Service Encounters ［J］. Journal of Marketing, 2000, 64（3）: 50-64.

［159］Mithas S, Jones J L. Do Auction Parameters Affect Buyer Surplus in E-Auctions for Procurement?［J］. Production and Operations Management, 2007, 16（4）: 455-470.

［160］Mithas S, Krishnan M S, Fornell C. Information Technology, Customer Satisfaction, and Profit: Theory and Evidence［OL］. Social Science Electronic Publishing, http: //papers.ssrn.com/sol3/papers.cfm?abstract_id=901643, 2009.

［161］Mithas S, Krishnan M S, Fornell C. Why Do Customer Relationship Management Applications Affect Customer Satisfaction?［J］. Journal of Marketing, 2005, 69（4）: 201-209.

［162］Mithas S, Tafti A, Mitchell W. How a Firm's Competitive Environment and Digital Strategic Posture Influence Digital Business Strategy［J］. MIS Quarterly, 2013, 37（2）: 511-536.

［163］Mumford M D. Managing Creative People: Strategies and Tactics for Innovation［J］. Human Resource Management Review, 2000, 10（3）: 313-351.

［164］Nevo S, Wade M R. The Formation and Value of IT-Enabled Resources: Antecedents and Consequences［J］. MIS quarterly, 2010, 34（1）: 163-183.

［165］Nevo S, Wade M, Cook W D. An Empirical Study of IT as a Factor of Production: The case of Net-enabled IT assets［J］. Information Systems Frontiers, 2010, 12（3）: 323-335.

［166］Oliner, Stephen D. The Resurgence of Growth in the Late 1990s: Is Information Technology the Story?［J］. Journal of Economic Perspectives, 2000.

［167］Parsons G L. Information Technology: A New Competitive Weapon ［J］. Sloan management review, 1983, 25（1）.

［168］Philippe A, Peter H. Growth and Unemployment［J］. Review of Economic Studies, 1994（3）: 477–494.

［169］Pissarides C A, Mcmaster I. Regional Migration, Wages and Unemployment: Empirical Evidence and Implications for Policy［J］. Oxford Economic Papers, 1990, 42（4）: 812–831.

［170］Porter M E, Millar V E. How Information Gives You Competitive Advantage［J］. Harvard business review, 1985, 63（4）: 149–174.

［171］Porter M E. Strategy and the Internet［J］. Harvard Business Review, 2001, 79（3）: 63–78.

［172］Poston R, Grabski S. Financial Impacts of Enterprise Resource Planning Implementations［J］. International Journal of Accounting Information Systems, 2001, 2（4）: 271–294.

［173］Rai A, Patnayakuni R, Patnayakuni N. Technology Investment and Business Performance［J］. Communications of the ACM, 1997, 40（7）: 89–97.

［174］Ray G, Barney J B, Muhanna W A. Capabilities, business processes, and competitive advantage: choosing the dependent variable in empirical tests of the resource-based view［J］. Strategic Management Journal, 2004, 25（1）: 23–37.

［175］Roach S. America's Technology Dilemma: A Profile of the Information Economy. Special economic study, Morgan Stanley, New York, 1987.

［176］Roberts M J. The Economics of Modern Manufacturing: Technology, Strategy, and Organization［J］. American Economic Review, 1990, 80（3）: 511–528.

［177］Row C M C. Sustaining IT Advantage: The Role of Structural Differences.［J］. Mis Quarterly, 1991, 15（3）: 275–292.

［178］Sambamurthy V, Grover B V. Shaping Agility Through Digital Options: Reconceptualizing the Role of Information Technology in Contemporary Firms［J］. Mis Quarterly, 2003, 27（2）: 237–263.

［179］Sambamurthy V，Zmud R W. Managing IT for Success：The Empowering Business Partnership［OL］. Working Paper，Financial Executives Research Foundation，1992.

［180］Santhanam R，Hartono E. Issues in Linking Information Technology Capability to Firm Performance［J］. MIS quarterly，2003，27（1）：125-153.

［181］Saunders H C. Power and Trust：Critical Factors in the Adoption and Use of Electronic Data Interchange［J］. Organization Science，1997，8（1）：23-42.

［182］Sawhney M. Don't Homogenize，Synchronize［J］. Harvard Business Review，2001，79（7）：100-109.

［183］Shih E，Kraemer K L，Dedrick J. IT Diffusion in Developing Countries：Policy Issues and Recommendations［J］. Communications of the ACM，2008，51（2）：43-48.

［184］Siegel P D S. The Impacts of Technology，Trade and Outsourcing on Employment and Labor Composition［J］. Scandinavian Journal of Economics，2001，103（2）：241-264.

［185］Simon H A. A Behavioral Model of Rational Choice. Quarterly Journal of Economics，1955，69（1）：99-118.

［186］Solow R M. We'd Better Watch Out［J］. The New York Review of Books，1987.

［187］Srinivasan R，Moorman C，Strategic Firm Commitments and Rewards to Customer Relationship Management in Online Retailing［J］. Journal of Marketing，2005，69（4）：193-200.

［188］Strassmann P. The Business Value of Computer：An Executive's Guide［J］. European Journal of Information Systems，1993.

［189］Sunil K. Intellectual Property Protection and Technology Licensing：The Case of Developing Countries［J］. Journal of Law and Economics，2012.

［190］Tebaldi E，Elmslie B. Institutions，Innovation and Economic Growth

[J] . Journal of Economic Development, 2008, 33 (2): 27–53.

[191] Tian F, Xu S X. How Do Enterprise Resource Planning Systems Affect Firm Risk? Post–Implementation Impact [J] . Mis Quarterly, 2015, 39 (1): 39–60.

[192] Timothy F, Bresnahan M, Trajtenberg. General Purpose Technologies' Engines of Growth? [J] . Journal of Econometrics, 1995.

[193] Todd W P A. A Theoretical Integration of User Satisfaction and Technology Acceptance [J] . Information Systems Research, 2005, 16 (1): 85–102.

[194] Wade M, Hulland J. Review: The Resource–Based View and Information Systems Research: Review, Extension, and Suggestions for Future Research[J]. MIS Quarterly, 2004, 28 (1): 107–142.

[195] Wang C H, Gopal R D, Zionts S. Use of Data Envelopment Analysis in assessing Information Technology impact on firm performance [J] . Annals of Operations Research, 1996, 73 (1): 191–213.

[196] Watson R. Influences on the IS Manager's Perceptions of Key Issues: Information Scanning and the Relationship with the CEO [J] . MIS Quarterly, 1990: 217–231.

[197] Weill P, Aral S. Generating Premium Returns on Your IT Investments [J]MIT Sloan Management Review, 2006, 47 (2): 39–48.

[198] Wernerfelt B. A resource–based view of the firm [J] . Strategic Management Journal, 1984, 5 (2) .

[199] Whitaker J, Mithas S, Krishnan M S . Organizational Learning and Capabilities for Onshore and Offshore Business Process Outsourcing [J] . Journal of Management Information Systems, 2010, 27 (3): 11–42.

[200] Williamson O E. Markets and Hierarchies: Analysis and Antitrust Implications. New York: Free Press.

[201]Williamson O E. Transaction Cost Economics: The Natural Progression [J] . American Economic Review, 2010, 100.

［202］Williamson O E. The Economic Institutions of Capitalism. New York：Free Press.

［203］Williamson O E. The Theory of the Firm as Governance Structure：From Choice to Contract［J］. Journal of Economic Perspectives，2002，16（3）：171–195.

［204］Wilson C. The CIO Role Yesterday，Today and Tomorrow［OL］. CIO，http：//www.cio.com/article/131250/The_CIO_Role_Yesterday_Today_and_Tomorrow，2007.

［205］Yuliang，Yao，Xiaoguo，Zhu，Kevin. Do Electronic Linkages Reduce the Bullwhip Effect? An Empirical Analysis of the U.S. Manufacturing Supply Chains.［J］. Information Systems Research，2012，23（3）：1042–1055.

［206］Zammuto R F，Oconnor E. Gaining Advanced Manufacturing Technologies Benefits：The Roles of Organization Design and Culture［J］. Academy of Management Review，1992，17（4）：701–728.

后　记

本书基于我的博士论文修改而成。本书的完成和出版，需要感谢的人有很多。

首先也是最重要的，我非常感谢我的导师李小荣教授将我引上学术之路。李老师为人真诚笃实，善良谦和，他虽能力出众，成果斐然，但总是以平等的姿态与我们交流，用温和的语气指出问题。记得八年前，我因抱着纯粹的兴趣从法律系来到资产评估系读研并攻读博士学位，谁知由于专业基础薄弱，在进行科研训练、面对科研难题时经历了无数次失望、绝望。在我内心感到绝望的时刻，李老师始终对我不抛弃不放弃，无数次耐心地教导我、鼓励我、支持我，在论文选题、研究思路、研究方法等各个方面带领我克服了一个又一个的难关，是老师的包容和帮助让我一次次重拾信心，找回了前进的动力。在学术研究的漫漫长路上，能遇到这样一位良师，我时常感慨自己的幸运。脚踏实地做学问，全心全意为学生，李老师对于学术的执着追求以及谦和低调的做人风格，值得我用一生去学习、去践行。饮水思源，师恩难忘。

感谢给我们博士期间授课的各位老师，他们是马海涛教授、姜爱华教授、曾康华教授、何杨教授、杨龙见副教授、葛岩老师等，他们深入浅出、循循善诱，既充满理论与实践结合的活力，也散发着学术的魅力。感谢参与我开题答辩，为论文选题、设立框架提出宝贵意见的各位老师，他们是吴溪教授、梁上坤教授、俞明轩副教授、翟进步教授；感谢参与我预答辩，对我的博士论文提出宝贵修改意见的各位老师，他们是纪益成教授、王竞达教授、陈思副教授、王春飞副教授；感谢参与我博士论文答辩，为论文的完善提出宝贵意见的各位老师，他们是廖冠民教授、徐丹丹教授、陈蕾教授、宋顺林教授、乔志敏教授。感谢中央财经大学财政税务学院邀请的许多知名学者带来的精彩学术讲座。此外，感谢负责学生管理的李严波老师，感谢他总是尽职尽责地帮助每一位学生。

感谢我的同门：万钟、王田力师姐、田粟源师兄、王文桢师妹、张丽男师妹、毕云霄师妹、徐腾冲师妹、毕英睿师妹、叶楚豪师弟、南伯伦师妹，几年时间里师门的同学们给予我很多的帮助，与大家并肩奋斗的日子使我得到了最好的锻炼，他们都将是我一生的挚友和学习的榜样。感谢财政税务学院17级博士班的同学：郝晓婧、姜哲、千九玲、郭彦男、蒋玉杰、张文皓、郭枫、翟义刚、丁树、韦烨剑、杨乐、郭晓辉、李沁蔓等（排名不分先后，请恕我不能一一列举），是缘分让我们相聚，同学之间的情谊常常萦怀于心。感谢我的室友田雅琼和马丽亚，博士求学四年我们志同道合，朝夕相处，互相鼓励，共同面对困难，这段难忘的人生经历将成为我永远的美好回忆。

感谢我现在的工作单位首都经济贸易大学的李红霞教授、何辉教授、陈蕾教授、王竞达教授、王菊仙副教授等领导的关心和指导，感谢首都经济贸易大学财政税务学院资产评估系各位老师的支持和帮助，当然也要感谢首都经济贸易大学财政税务学院其他同事的帮助和鼓励。此外，感谢中国资产评估协会在本书数据收集方面给予的支持，感谢中华工商联合出版社提供的帮助。

感谢我的亲朋好友对我的关怀和照顾。特别感谢我的父母，感谢他们给予我充分的爱与自由，能够让我对未来充满期待，有勇气听从直觉和内心的指引，探索属于自己的人生意义。家人们永远健康幸福是我前进的动力和最大的心愿！

近年来，资产评估行业的发展进入了爬坡过坎、转型升级的关键阶段，研究如何促进资产评估行业实现转型升级，推动资产评估行业持续发展成为一项重要的研究课题，也是我的主要研究领域，本书的研究是我在这个领域的一部分研究成果，希望这些粗浅的分析和思考能够起到抛砖引玉之用，对未来该方向的研究有所启示和帮助。由于作者学识有限，书中偏颇和不足之处在所难免，恳请读者批评指正，也欢迎对该领域感兴趣的读者与我一起交流探讨。

2023 年 3 月修订于首都经济贸易大学